世界一
わかりやすい
韓国語
の
文法

YUKIKAWA
유키카와

사랑해!

KADOKAWA

はじめに

皆さんにとって語学とはどのようなものでしょうか？
語学は、無理に覚えようとしても身につくものではないと思っています。
楽しみながら学ぶことは、理解の質を高め、さらには自信につながっていきます。
1つの単語を覚えた、1つ文章を作れた、好きな韓国俳優のセリフが聞き取れた……、その「できた！」というワクワクする気持ちを大切にしていただきたいです。

もし、韓国語の勉強をしていてつまずいたときは一度お休みするのもいいと思います。そして、また韓国語を学びたいなと思ったら、気になるフレーズや単語から再び始めてみましょう。

本書は、普段の生活でよく使う文法を掲載しています。
韓国ドラマや映画を見ていたら耳にしたことがある活用語尾を例文と共にまとめました。
初級のハングルを勉強した方であれば、簡単に文章を作成することができます。あなたの作りたい文章を韓国語で組み立ててみてください。
掲載しているすべての文法を使えるようになれば、韓国の方との簡単な日常会話は問題ありません。

何かを始めるのに遅いということは何一つとしてありません。好きなこと、気になること、やってみたいこと、何でも一歩踏み出すことが一番大切です。

本書があなたの韓国語のバイブルになってくれたら本望です。

最後に、制作に携わってくださいました関係者の皆さまに、この場を借りて感謝を申し上げます。

YUKIKAWA

世界一わかりやすい韓国語の文法　　目次

Chapter 1　韓国語の基礎

Chapter 2　韓国語の文法

Chapter 3　会話が広がる文法

Chapter

韓国語の基礎

まずは韓国語の基礎をおさらいしましょう。
紹介するのはハングルの構成、発音が変わる法則、変則活用など、
勉強している方も間違えやすいポイントですので、
何度も見返しながら頭に入れていきましょう。

ハングルとは

ハングルの歴史

"ハングル(한글)"とは、韓国語と朝鮮語を表す文字のことを指します。

ハングルは、朝鮮王朝 第4代王の世宗大王(세종대왕 セジョンテワン)が学者たちに命じて作らせた文字で、1443年に完成し、1446年に「訓民正音(くんみんせいおん)」という名で国民に公布されました。この文字は、1894年に正式に国字化され、その後新しい名前"ハングル(偉大なる文字という意味)"となりました。
本格的に普及し出したのは、日本の植民地時代が終わった1945年以降と言われています。

科学的文字 ハングル

ハングルは、意味は分からなくても読むことができる文字で、「賢い人なら半日で、暗記が苦手でも3日あれば覚えられる」と言われています。

また、「訓民正音」(ハングルの正式名称)は、1997年にユネスコ世界記憶遺産に登録されており、科学的で独創的な文字として高く評価されています。地球上の文字の中で唯一認定されている文字です。

ハングルの弱点

ハングルは、世界中の言語をほぼ原音に近く表すことができる優秀な文字ですが、表せない音も存在します。
それは、日本語の「つ」や「ざ・ず・ぜ・ぞ」、英語だと「R」と「L」の違いや語中の「H」や「F」音も表すことが難しいのです。日本語をハングルで表したいときは、近い音を当てはめなければいけません。

韓国語習得にはハングルの発音の特徴をつかむことが不可欠です。

ハングルのしくみ

ハングルの基本構成

ハングルは子音と母音という字母を組み合わせて1つの文字を表します。丸や四角に見える文字などは子音で、縦や横の棒は母音です。

ハングルの文字の組み合わせにはパターンがあり、大きく分けると「子音＋母音」「子音＋母音＋子音」となります。文字の最初にくる子音を「初声」、次にくる母音を「中声」、そして母音の次にくる子音を「終声」と言います。

母音は、子音（初声）の右に位置するものと下に位置するものとに分かれています。また、それらは母音によって決まっています。

韓国語の母音

基本母音と複合母音

母音は、基本母音10個と複合母音11個に分けられます。複合母音は「二重母音」「合成母音」とも言います。

基本母音

	字母	ローマ字	発音記号	発音の特徴
ア	ㅏ	a	a	大きく口を開けて発音
ヤ	ㅑ	ya	ja	上の「ㅏ」の口構えで発音
オ	ㅓ	eo	ɔ	「ㅏ」の口構えで顎を引っ張る感じで発音
ヨ	ㅕ	yeo	jɔ	上の「ㅓ」の口構えで発音
オ	ㅗ	o	o	唇を丸くすぼめ、前に突き出して発音
ヨ	ㅛ	yo	jo	上の「ㅗ」の口構えで発音
ウ	ㅜ	u	u	唇を突き出して発音
ユ	ㅠ	yu	ju	上の「ㅜ」の口構えで発音
ウ	ㅡ	eu	ɯ	口を横に引き、上下の歯をかみ合わせるように発音
イ	ㅣ	i	i	口を横にやや長く引き発音

母音は「アヤオヨオヨウユウイ」の順で覚えます。

・母音の位置

 子音の右に位置する母音
ㅏ・ㅑ・ㅓ・ㅕ・ㅣ

 子音の下に位置する母音
ㅗ・ㅛ・ㅜ・ㅠ・ㅡ

日本語の母音字「あいうえお」は、1文字で1音節を表しますが、韓国語の「アイウエオ」は、無音の子音『ㅇ』に母音がつき、「ア＝아」と表します。

複合母音

	二重字母	ローマ字	発音記号	発 音 の 特 徴
エ	ㅐ	ae	ɛ	日本語の「エ」より口を大きく開いて発音
イェ	ㅒ	yae	jɛ	上の「ㅐ」の口構えで「イェ」と発音
エ	ㅔ	e	e	日本語の「エ」より口を小さく開いて発音
イェ	ㅖ	ye	je	上の「ㅔ」の口構えで「イェ」と発音
ワ	ㅘ	wa	wa	日本語の「ワ」とほぼ同じ発音
ウェ	ㅙ	wae	wɛ	口をしっかり開いて発音
ウェ	ㅚ	we	we	唇を突き出し「エ」に近い「ウェ」と発音
ウォ	ㅝ	wo	wɔ	日本語で「ウォ」と言うときと同じ発音
ウェ	ㅞ	we	we	日本語で「ウェ」と言うときと同じ発音
ウィ	ㅟ	wi	wi	唇を突き出して発音
ウィ	ㅢ	ui	ɰi	口を横に引いた状態で発音

・母音の位置

 子音の右に位置する母音
ㅐ・ㅒ・ㅔ・ㅖ

 子音の右と下に位置する母音
ㅘ・ㅙ・ㅚ・
ㅝ・ㅞ・ㅟ・ㅢ

陽母音と陰母音

母音は、大きく「陽性母音」「陰性母音」という2つのグループに分けられます。
略して陽母音と陰母音と言います。

陽母音			陰母音			
ㅏ	ㅑ	ㅗ	ㅓ	ㅕ	ㅜ	ㅠ
ㅛ	ㅐ	ㅒ	ㅡ	ㅣ(中性)	ㅔ	ㅖ
ㅘ	ㅙ	ㅚ	ㅝ	ㅞ	ㅟ	ㅢ

※「ㅣ」は中性母音ですが、語尾を活用する際には陰母音のグループに入ります。

韓国語の子音

子音の数は全部で19個

子音は、文字の構成の初声・終声で使われます。
初声は、平音、鼻音、流音、激音、濃音などに分類されます。

	字母	名称	ローマ字	発音記号	発音の特徴
平音	ㄱ	기역	k/g	k/g	カ／ガ行の音に近い
鼻音	ㄴ	니은	n	n	ナ行の音に近い
平音	ㄷ	디귿	t/d	t/d	タ／ダ行の音に近い
流音	ㄹ	리을	r/l	r/l	ラ行の音に近い
鼻音	ㅁ	미음	m	m	マ行の音に近い
平音	ㅂ	비읍	p/b	p/b	パ／バ行の音に近い
平音	ㅅ	시옷	s	s	サ行の音に近い
無音	ㅇ	이응	無/ng	無音/ŋ	初声は無音、終声は「ン」の音に近い
平音	ㅈ	지읒	ch/j	tʃ/dʒ	チャ／ジャ行の音に近い
激音	ㅊ	치읓	ch	tʃʰ	息を強く吐き「ㅈ」チャ行の発音
	ㅋ	키읔	k	kʰ	息を強く吐き「ㄱ」カ行の発音
	ㅌ	티읕	t	tʰ	息を強く吐き「ㄷ」タ行の発音
	ㅍ	피읖	p	pʰ	息を強く吐き「ㅂ」パ行の発音
	ㅎ	히읗	h	h	ハ行の音に近い

子音は「カナダラマバサアジャチャカタパハ」の並び順で覚えます。

『ㅅ』以外の平音は、語中では濁音化します（例外あり）。
また、無音の『ㅇ』は、初声と終声で音が異なります。
【아・이・우…】と表記されている場合は、母音の音のまま「ア・イ・ウ…」
と発音します。

> 激音は、いずれも子音の『ス・ㄱ・ㄷ・ㅂ・ㅇ』の文字に1画ずつ加えたりした字母で、語中でも濁音化しません。
> 激しく息を出し、【카】は「カッ」と発音します。

	字母	名称	ローマ字	発音記号	発音の特徴
濃音	ㄲ	쌍기역	kk	?k	喉を緊張させて「ㄱ」カ行の発音
	ㄸ	쌍디귿	tt	?t	喉を緊張させて「ㄷ」タ行の発音
	ㅃ	쌍비읍	pp	?p	喉を緊張させて「ㅂ」パ行の発音
	ㅆ	쌍시옷	ss	?s	喉を緊張させて「ㅅ」サ行の発音
	ㅉ	쌍지읒	tch	?tʃ	喉を緊張させて「ㅈ」チャ行の発音

> 濃音は、いずれも平音の字母を2つくっつけた字母で、激音同様に語中でも濁音化しません。無気音で息を吐かず喉を緊張させて発する音です。
> 【까】は「ッカ」と発音しますが、もっと喉を詰まらせた音になります。

辞書索引の際は、子音字「ㄱ ㄲ ㄴ ㄷ ㄸ ㄹ ㅁ ㅂ ㅃ ㅅ ㅆ ㅇ ㅈ ㅉ ㅊ ㅋ ㅌ ㅍ ㅎ」、母音字「ㅏ ㅐ ㅑ ㅒ ㅓ ㅔ ㅕ ㅖ ㅗ ㅘ ㅙ ㅚ ㅛ ㅜ ㅝ ㅞ ㅟ ㅠ ㅡ ㅢ ㅣ」の並び順です。

ハングルの構造

ハングルは、ローマ字を作る感覚で覚えることができます。

（無料）　子音　m무r / u무료yo　母音　発音：mu-ryo

（茶）　子音 차 母音　ch a　発音：cha

15

パッチム

パッチムとは

日本語には閉音節（子音で終わる音節）が「ん」や「っ」などしかありませんが、韓国語には多くの閉音節があります。

閉音節を表す子音を「終声」もしくは「パッチム」と言います。

「パプ」と読むのではなく、『パp』という発音になります。

パッチムは、鼻音・流音・閉鎖音に分けられます。発音を確認しましょう。

パッチムの発音

	字母	発音	発音の特徴
鼻音	ㄴ	ㄴ [n]	舌先が上の歯の裏（歯茎）につき、鼻から息を抜く音
	ㅁ	ㅁ [m]	唇をしっかりと閉じ、鼻から息を抜く音
	ㅇ	ㅇ [ng]	喉を詰まらせた感じで鼻から息を抜く音 舌はどこにもつきません
流音	ㄹ	ㄹ [l]	舌先を丸め、上顎の奥につけて発音
閉鎖音	ㄱ・ㅋ・ㄲ	ㄱ [k]	舌の根が喉を塞ぐように発音 息を出さない
	ㄷ・ㅌ・ㅅ・ㅆ ㅈ・ㅊ・ㅎ	ㄷ [t]	舌先を上の歯の裏（歯茎）につけて発音 息を出さない
	ㅂ・ㅍ	ㅂ [p]	唇をしっかりと閉じ、息を止めるように発音 息を出さない

パッチムの発音の注意点

子音の『ㅇ』は初声では無音、終声では鼻音になり [ng] と発音します。
流音の『ㄹ』は初声では [r] の発音ですが、終声では [l（エル）] の発音になるので注意しましょう。

2重パッチムの発音

異なる2つの子音からなるパッチムの発音は、基本的に片方の子音しか発音しません。

パッチム	発音
ㄱㅅ・ㄴㅈ・ㄴㅎ・ㅂㅅ・ㄹㅌ・ㄹㅎ・ㄹㅅ	左側の子音
ㄹㄱ・ㄹㅁ・ㄹㅍ	右側の子音
ㄹㅂ	形容詞は、左側の子音 動詞は、右側の子音

2重パッチムの後に子音の『ㅇ』がくるときは、両方の子音を発音します。

(茹でる) 삶다 → 삶아요 **(茹でます)**
sam-tta   sal-ma-yo

◈ **注意ポイント** ◈

『ㄹㄱ』は、後に子音の『ㄱ』がくるときは、左側の子音を発音します。
動詞・形容詞の場合のみです。名詞の場合は、通常通り右側の子音のみ発音します。

- 動詞 　읽기 　**(読むこと)** ：il-kki
- 形容詞 　낡고 　**(古くて)** ：nal-kko
- 名詞 　닭고기 　**(鶏肉)** ：tak-kko-gi

コッコッコ…

発音の変化

発音が変わる

ハングルは、語中では文字通りに発音しないことがあります。発音の変化には、いずれもルールがあります。そのルールを１つずつ確認していきましょう。

【 有声音化 】

ㄱ・ㄷ・ㅂ・ㅈは、語頭では[k][t][p][ch]と発音しますが、母音に挟まれた語中では濁って[g][d][b][j]と発音します。これを有声音化と言います。

（かばん）
ka-bang

「カパン」ではなく「カバン」となります。

また、パッチム【ㄴ・ㄹ・ㅁ・ㅇ】の後についたときも、ㄱ・ㄷ・ㅂ・ㅈは有声音化して濁って発音します。

한글 （ハングル）
han-geul

「ハンクル」ではなく「ハングル」となります。

もりのえ
ㅁㄹㄴㅇ

を描くときは

びじゅつどうぐ
ㅂㅈㄷㄱ

と覚えるのもいいかもしれません。

【 連音化 】

パッチムの後に続く子音が無音の【ㅇ】のときに、つなげて発音します。それを連音現象（リエゾン）と言います。あくまでも音が変化するだけで、文字が変化するわけではありません。

(恋愛)
yeo-nae

연애

「ヨンエ」ではなく「ヨネ」となります。

※パッチム『ㅎ』のときは、連音化されず［ｈ音］は発しません。

【 鼻音化 】

①パッチムㄱ・ㄷ・ㅂに続く子音に【ㄴ】か【ㅁ】がくると、『ㄱ→ㅇ』『ㄷ→ㄴ』『ㅂ→ㅁ』に変化し、「ン」に近い発音になります。これを鼻音化と言います。

パッチムが鼻音化	続く子音
ㄱ[ｋ音]→ㅇ[ng]	
ㄷ[ｔ音]→ㄴ[n]	ㄴ／ㅁ
ㅂ[ｐ音]→ㅁ[m]	

(ありがとうございます)

감사합니다
kam-sa-ham-ni-da

②パッチム ㅁ・ㅇ に続く子音が【ㄹ】のとき、発音が『ㄹ→ㄴ』の音になります。

パッチム	続く子音が鼻音化
ㅁ	ㄹ[l]→ㄴ[n]
ㅇ	

승리
(勝利)
seung-ni

③パッチムㄱ・ㄷ・ㅂに続く子音が【ㄹ】のとき、パッチムもㄹも鼻音化します。

학력
(学歴)
hang-nyeok

【濃音化】

前のパッチムの影響により次の子音が詰まったような音に変化することを濃音化と言います。

①パッチム ㄱ・ㄷ・ㅂ に続く子音が濃音化します。

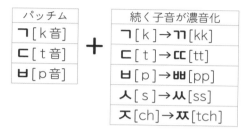

パッチム
ㄱ[k音]
ㄷ[t音]
ㅂ[p音]

+

続く子音が濃音化
ㄱ[k]→ㄲ[kk]
ㄷ[t]→ㄸ[tt]
ㅂ[p]→ㅃ[pp]
ㅅ[s]→ㅆ[ss]
ㅈ[ch]→ㅉ[tch]

맥주→맥쭈

（ビール）
maek-tchu

②漢字語でパッチム ㄹ に続く子音 ㄷ・ㅅ・ㅈ も濃音化します。

발달 → 발딸 **（発達）**
pal-ttal

※他にもルール外の濃音化をする単語があります。

【口蓋音化】

パッチム ㄷ・ㅌ に【이】が続くと『ㄷ → ㅈ』『ㅌ → ㅊ』の音に変わります。これを口蓋音化と言います。

「ㄷ + 이 → 지」

（引き戸）
mi-da-ji

미닫이 → 미다지

「ㅌ + 이 → 치」

（一緒に）
ka-chi

같이 → 가치

【激音化】

子音の【ㅎ】に隣り合わせた子音が激音に変化することを激音化と言います。

①パッチム ㄱ・ㄷ・ㅂ + 初声『ㅎ』

パッチム	続く子音	子音が激音化
ㄱ		ㅋ[k]
ㄷ	ㅎ	ㅌ[t]
ㅂ		ㅍ[p]

입학 → 이팍
（入学）　　i-pak

②パッチム『ㅎ』+初声 ㄱ・ㄷ・ㅈ

パッチム	続く子音	子音が激音化
	ㄱ	ㅋ[k]
ㅎ	ㄷ	ㅌ[t]
	ㅈ	ㅊ[ch]

넣다 → 너타
（入れる）　neo-ta

※他にもルール外の激音化があります。

【舌側音化（流音化）】

パッチムと続く子音が『ㄹ/ㄴ』の組み合わせのとき、子音【ㄴ】の発音が
『ㄴ→ㄹ』に変化します。これを舌側音化（ぜっそくおんか）と言います。

ㄹ音になるため流音化とも言われています。

パッチム	続く子音	ㄴが舌側音化
ㄹ	ㄴ	ㄹ[l]+ㄹ[l]
ㄴ	ㄹ	

설날 → 설랄
（お正月）　seol-lal

通常、初声の ㄹ は[r]の発音ですが、舌側音化はパッチムと同じ[l（エル）]の
発音となります。

【ㅎの弱化】

子音【ㅎ】は、語頭以外では弱く発音します。母音やパッチムㄴ・ㄹ・ㅁ・ㅇに続くとき、ほぼ無音に近く[h]の発音をしません。これを ㅎの弱化 と言います。

신혼 → 신혼 (新婚)
sin-hon

新婚という単語は、「シンホン」ではなく「シノン」という発音が近いです。

【ㄴの添加】

合成語や派生語など2つの単語が続き、パッチムの後に続く文字が【이・야・유・여・요】の場合、『ㅇ』が『ㄴ』の発音に変化します。これを ㄴの添加と言います。

①鼻音のパッチム＋ㄴの添加
「ㄴ・ㅁ・ㅇ」＋「이・야・유・여・요」→『니・냐・뉴・녀・뇨』

처방약 → 처방냑 (処方薬)
cheo-bang-nyak

②鼻音化パッチム＋ㄴの添加
「k音・t音・p音」＋「이・야・유・여・요」→『ㅇ・ㄴ・ㅁ＋니・냐・뉴・녀・뇨』

중국요리 → 중궁뇨리

(中華料理)
chung-gung-nyo-ri

変則活用

変則活用を覚える

変則活用とは、動詞や形容詞を活用させる際に母音や子音が変わるというものです。「発音の変化」では文字が変わらなかったのに対し、変則活用では変わります。

変則活用は、全部で11パターンです。
ただし、正則活用する単語もあるので注意が必要です。

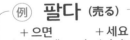 ㄹ変則活用

語幹にㄹパッチムがついている単語は、後ろにつく子音によって【ㄹ脱落】となります。これをㄹ変則活用と言います。まず、ㄹパッチムの後に『으』がつきません。

例 **팔다** (売る)

+으면 (〜すれば)	+세요 (〜しなさい)	+ㅂ니다 (〜します)	+ㄹ 때 (〜するとき)	+는 상품 (〜する商品)
팔면	**파세요**	**팝니다**	**팔 때**	**파는 상품**
(売れば)	(売りなさい)	(売ります)	(売るとき)	(売る商品)

パッチム ㄹ

으 ✕	『으』がつく活用語尾	【으脱落】
ㅅ	『ㅅ』がつく活用語尾	パッチムㄹ脱落
ㅂ	『ㅂ』がつく活用語尾	パッチムㄹ脱落
ㄹ	『ㄹ』がつく活用語尾	パッチムㄹ脱落
ㄴ	『ㄴ』がつく活用語尾	パッチムㄹ脱落

ㄹパッチムの後に子音『ㅅ・ㅂ・ㄹ・ㄴ』がつく場合、語幹の【ㄹ脱落】です。
ㅅ[S] ㅂ[P] ㄹ[R] ㄴ[N]
「スポーンとㄹが抜ける」と覚えましょう!

▶ 르変則活用 ◀

語幹が르の一部の単語は、後につける語尾の頭が**아/어**形のとき르が『**ㄹ**パッチム』、**아/어**が『**라/러**』になります。これを르変則活用と言います。
語幹「르」の前の文字が陽母音か陰母音かを確認します。

陽母音 / 陰母音　르아/어　──르変則活用──→　ㄹ라/러

陽母音であれば『**ㄹ 라**』、陰母音なら『**ㄹ 러**』になります。

모르다 (知らない) → 몰라요 (知りません)

◈ 注意ポイント ◈

르変則にならない［으変則活用］
따르다(従う、注ぐ)　**치르다**(払う)　**들르다**(寄る)

▶ 러変則活用 ◀

語幹が르の一部の単語で、「르変則活用」と異なる活用をするものがあります。
これを러変則活用と言います。

르の語幹に「**아/어**形」をつける際、陰母音のため「**어**」がつくはずですが、러
変則活用では『**러**』がつきます。

르어　──러変則活用──→　르러　※「르→ㄹパッチム」に変化しません！

러変則活用は、4単語だけ。
이르다(至る)　**푸르다**(青い)　**노르다**(黄色い)　**누르다**(黄色い)

※形容詞の**이르다**(早い)は、「르変則活用」。

❯❯ 으変則活用

母音が『ー』で終わる用言で、後につける語尾の頭が **아 / 어**形 のとき、語幹の母音【ー脱落】、**아 / 어** の子音【ㅇ脱落】します。これを으変則活用と言います。

原形が３文字の用言のときは、語幹『ー』文字の前の母音を確認します。

陽母音	子音	+	아	으変則活用 →	陽母音	子音	ㅏ
陰母音	ー		어		陰母音	子音	ㅓ

바쁘다 (忙しい) → 바빠요 (忙しいです)

原形が２文字の用言のときは、『ー』を脱落させ『ㅓ』をつけます。

크다 (大きい) → 커요 (大きいです)

※語幹が「르」のときは、ほとんどが「르変則活用」になります。

❯❯ ㅅ変則活用

語幹に ㅅ パッチムがついている一部の単語は、後ろに子音の『ㅇ』がくると【ㅅ脱落】となります。これを ㅅ変則活用と言います。

낫다 (治る)　　　　나아요 (治ります)

ㅅ変則活用 →

짓다 (建てる)　　　지으면 (建てれば)

◉ 注意ポイント ◉

ㅅ正則活用の単語もあります。
웃다 (笑う)　씻다 (洗う)　벗다 (脱ぐ)　솟다 (湧く)
빼앗다 (奪う)　빗다 (髪をとく)

ﾖ ㅂ変則活用 ﾑ

語幹にㅂパッチムがついている一部の単語は、後ろにくる文字によって【ㅂ脱落】、続く文字が語形変化します。これをㅂ変則活用と言います。

①ㅂ脱落＋워変化

ㅂ＋**아/어**形 ㅂ変則活用➡ ❌ㅂ ＋**워**

語幹に**아/어**がつくとき、パッチムㅂ脱落し、**아/어**は『**워**』に変化します。

맵다（辛_{から}い）→ **매워요**（辛いです）

> 下記の２単語のみ**아/어**が『**와**』に変化します。
> **돕다**（助ける）→ **도와요**（助けます）
> **곱다**（きれいだ）→ **고와요**（きれいです）

②ㅂ脱落＋우変化

ㅂ＋**으** ㅂ変則活用➡ ❌ㅂ ＋**우**

語幹に**으**がつくとき、パッチムㅂ脱落し、『**우**』に変化します。

춥다（寒い）→ **추우면**（寒いなら）

◉ 注意ポイント ◉

正則活用の用言もあるので、注意してください。
굽다（曲がる）　**뽑다**（抜く）　**씹다**（噛む）　**업다**（背負う）
입다（着る）　**잡다**（摑む）　**접다**（折る）　**집다**（つまむ）
좁다（狭い）　**수줍다**（内気だ）

ㅎ変則活用

語幹がㅎパッチムの一部の形容詞は、後ろにつく文字によって変化が起きます。
これをㅎ変則活用と言います。

①母音&ㅎ脱落＋語形変化

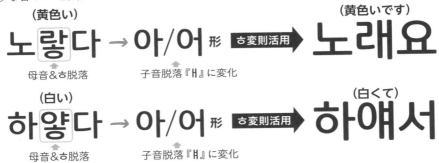

(黄色い)
노**랗**다 → 아/어 形 ㅎ変則活用 **(黄色いです)** 노래요
母音&ㅎ脱落　　　子音脱落『ㅐ』に変化

(白い)
하**얗**다 → 아/어 形 ㅎ変則活用 **(白くて)** 하얘서
母音&ㅎ脱落　　　子音脱落『ㅐ』に変化

語幹についている母音によって、語形変化が異なります。

語形変化　　ㅏ→ㅐ　ㅓ→ㅐ/ㅔ　ㅑ→ㅐ　ㅕ→ㅖ

②ㅎ&으脱落

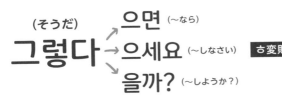

(そうだ)
그렇다 → 으면 (~なら)
　　　　→ 으세요 (~しなさい)
　　　　→ 을까? (~しようか?)

ㅎ変則活用

그러면
(そうしたら)
그러세요
(そうしなさい)
그럴까?
(そうしようか?)

語幹に『으』がつく場合、
語幹のパッチムㅎと続く文字으が脱落します。

◆ 注意ポイント ◆

ㅎ変則用言は形容詞のみですが、『**좋다**（良い）』のみ正則活用です。
パッチムㅎがつく動詞は正則活用になります。
낳다（産む）　　**닿다**（届く）　など

⟩ ㄷ変則活用 ⟨

語幹がㄷパッチムの一部の動詞は、続く子音が『ㅇ』のとき【ㄷ脱落】し、代わりに『ㄹ』がパッチムになります。これをㄷ変則活用と言います。

듣다 (聞く) → 들어요 (聞きます)

◈ 注意ポイント ◈

形容詞は、すべてㄷ正則活用です。下記の動詞は、ㄷ正則活用です。

굳다 (固まる)　받다 (受ける)　뜯다 (剝がす)　쏟다 (こぼす)
닫다 (閉める)　믿다 (信じる)　얻다 (得る)　묻다 (埋める)
걷다 (片づける)

※묻다 (尋ねる) と 걷다 (歩く) は、ㄷ変則活用です。

⟩ 어変則活用 ⟨

語幹の母音が『ㅓ』の単語で、後に어形の語尾がくるとき「ㅓ＋어」が『ㅐ』に変化します。これを어変則活用と言います。4単語のみの活用です。

이러다 (こうする)	이래요 (こうします)
그러다 (そうする)	그래요 (そうします)
저러다 (ああする)	저래요 (ああします)
어쩌다 (どうする)	어째요 (どうします)

（中央の矢印：어変則活用）

하変則活用

語幹末が**하**で後に**아**形がつくとき、「**아**」ではなく『**여**』がつきます。これを**하変則活用と言います。
하다がついた用言で用います。

하다 → 아 形 하変則活用 → 하여 → 해
縮約

하여を縮約した形が**해**です。
主に**하여**は文語で、**해**は口語で用いられます。

우変則活用

ㅜの母音語幹に**어**形がつくとき、語幹の母音【ㅜ脱落】、続く文字の子音【ㅇ脱落】となります。そして、この**우**変則活用は、たった1つの単語だけです。

ㅜ + 어 形 우変則活用 → ㅜㅇ ✕

푸다
(すくう・よそう・汲む・汲み取る)

퍼요
(よそいます)

퍼서
(よそって)

応答フレーズ

韓国語の「はい」と「いいえ」

日本語の「はい」「いいえ」にあたる応答フレーズを覚えましょう。

肯定の返事
呼ばれたときの応答や肯定するときに用います。

예 ye　　丁寧な「はい」

어 eo　　**응** eung

「うん」にあたります。親しい間柄で用います。

네 ne
（はい）
オールマイティ
に使えます

네, 그렇습니다
（はい、そうです）

否定の返事
話し手の発言や質問に対して否定の返事をするときに用います。

아니요 （いいえ）
a-ni-yo

아뇨 ※아니요縮約形
a-nyo

아니 a-ni　　「いいえ」ではなく、否定の「いや」に近いです。

아뇨, 제가 아닙니다
（いいえ、私じゃありません）

Chapter
②

韓国語の文法

ハングルの基礎をマスターしたら、
韓国語の文法を学びましょう。
まずは、文の組み立て方や助詞からスタート！
わからない箇所があれば繰り返し見直しましょう。

韓国語の文

韓国語の文の構造

韓国語の特徴は、日本語と語順がほぼ同じということです。単語と活用語尾を覚えれば、韓国語の文を読むことも、書くことも難しくありません。

一部語順が異なる場合もありますが、ほとんど日本語の文の組み立て通りとなります。

これ は 私 の 本 です
이것은 나의 책입니다

韓国語の品詞

韓国語は、9つの品詞から成り立っています。

形態	構成	品詞	性質
不変語 （活用しない）	体言	名詞	物体・人・場所などの名称
		代名詞	私（人称代名詞）・これ（指示代名詞）など
		数詞	漢字語と固有語の2種類
	関係言	助詞	「〜が」「〜を」・格助詞など
	修飾言	副詞	動詞・形容詞・冠形詞を修飾する
		冠形詞	名詞・代名詞・数詞を修飾する
	独立言	感嘆詞	応答、掛け声、感情を表す
可変語 （活用する）	用言	動詞	「見る」など動作を表す
		形容詞	「美しい」など状態や性質を表す

体言・用言・助詞をマスターすれば、短い文章なら簡単に文を組み立てることが可能です。

また、「指定詞（〜だ）」と「存在詞（いる・いない）」という9品詞に含まれない品詞があります。これらは、可変語のため用言に含まれます。

韓国語の助詞

韓国語の助詞の特徴

韓国語の助詞は、主語になる体言にパッチムがあるかないかで文字が異なります。
パッチムありは「子音体言」、パッチムなしは「母音体言」と言います。
また、パッチムの有無に関係なく、つける助詞や、口語と文語で異なる文字にな
る助詞があります。

◎ ～が

	表記	発音
パッチムあり	이	i
パッチムなし	가	ga

돈이 （お金が）
to-ni

제가 （私が）
che-ga

「～が」だけでなく、文によっては「～は」「～では」「～に」など他の訳になると
きがあります。

◎ ～は

	表記	発音
パッチムあり	은	eun
パッチムなし	는	neun

오늘은 （今日は）
o-neu-reun

고양이는 （猫は）
ko-yang-i-neun

◎ ～の

	表記	発音
パッチム有無 関係なし	의	e [ui]

친구의 （友達の）
chin-gu-e

発音は[ui]ですが、助詞で用いるときは[e]に近い発音になります。パッチムあ
りは連音化します。
また、口語では【의】は省略しても構いません。文語では用います。

◎ ～を

	表記	発音
パッチムあり	을	eul
パッチムなし	를	reul

음악을 （音楽を）
eu-ma-geul

영화를 （映画を）
yeong-hwa-reul

動作の目的を表す助詞のため、
文によっては「～に」「～が」という訳になります。

◎ ～に

	表記	発音	使い分け
文語・口語	에	e	物や場所、時間を指すとき
	으로／로	(eu-)ro	方向（場所）を指す、選択するとき
	에게	e-ge	人や動物など生き物に対して
口語	한테	han-te	人や動物など生き物に対して
	보고	po-go	影響を受ける対象の人に対して
	께	kke	目上の人に対して

다음에 （次に）
ta-eu-me

이쪽으로 （こっちに）
i-tcho-geu-ro

※パッチムあり「으로」／なし「로」

엄마에게 （お母さんに）
eom-ma-e-ge

남편보고 （夫に）
nam-pyeon-bo-go

부장님께 （部長に）
pu-jang-nim-kke

（私に）
나한테
na-han-te

◎ ～と

		表記	発音
文語	パッチムあり	과	kwa
	パッチムなし	와	wa
口語		하고	ha-go
口語	パッチムあり	이랑	i-rang
	パッチムなし	랑	rang

（餅と）
떡하고
tteo-ka-go

（砂糖と酢と）
설탕과 식초와
seol-tang-gwa　sik-cho-wa

（父と息子と）
아버지랑 아들이랑
a-beo-ji-rang　a-deu-ri-rang

◎ ～で

表記	発音	使い分け
으로／로	(eu-)ro	手段や材料で
에서	e-seo	場所で
라서	ra-so	理由で
이면／면	(i-)myeon	時間・期間で
만에	ma-ne	
이서／서	(i-)seo	人数で

차로 **（車で）**
cha-ro
※パッチムあり「으로」／なし「로」

역에서 **（駅で）**
yeo-ge-seo

（休暇なので）
휴가라서
hyu-ga-ra-seo
※名詞＋指定詞の語幹につきます。

（3時間で）
3시간이면
se-si-ga-ni-myeon
※パッチムあり「이면」／なし「면」
「～もあれば」というニュアンスです。

（4人で）
넷이서
ne-si-seo
※1人（혼자）以外は、固有数詞につけます。
パッチムあり「이서」／なし「서」

（3時間で）
3시간 만에
se-si-gan　　ma-ne
※「～ぐらいで」「～ほどで」という
ニュアンスです。

◎ 〜も

表記	発音	使い分け
도	to	添加
이나／나	(i-)na	数量

・ある対象や事態に付け加え

춤도 노래도 （ダンスも歌も）
chum-do　　no-rae-do

・数量を表す名詞につく

두 개나 세 개나 （2個も3個も）
tu　　gae-na　　se　　gae-na　　※パッチムあり「이나」／なし「나」

どちらも2つ以上の対象や事態を羅列するときに用います。
「野球もサッカーも」「猫も犬も」など。

◎ 〜でも

表記	発音	使い分け
도	to	譲歩
이라도／라도	(i-)ra-do	妥協
이나／나	(i-)na	妥協
에서도	e-seo-do	場所

（お茶でもいいよ）
차도 좋아
cha-do　　cho-a

※「좋다（良い）」「괜찮다（大丈夫）」
が主に後節にきます。

（少しでも笑って）
조금이라도 웃어
cho-geu-mi-ra-do　　u-seo

※満足はしていないが、妥協
して選ぶときに用います。パッ
チムありには「이」がつきます。
「라도」「나」どちらも使えます。

커피나 마시자 （コーヒーでも飲もう）
keo-pi-na　　ma-si-ja

일본에서도 인기 （日本でも人気）
il-bo-ne-seo-do　　in-kki

◎ ～から～まで

		表記	発音
～から	場所	**에서**	e-seo
	時間	**부터**	pu-teo
	出発点	**(으) 로부터**	(eu-)ro-bu-teo
～まで		**까지**	kka-ji

「–(으)로부터」は、ある起点から物が届いたときなどに用います。また、人物からのときは「–한테서」に、場所からのときは「–에서」「–에서부터」に置き換えることもできます。

집에서 학교까지 （家から学校まで）
chi-be-seo　　　hak-kkyo-kka-ji

아침부터 밤까지 （朝から夜まで）
a-chim-bu-teo　　　pam-kka-ji

감독으로부터 （監督から）
kam-do-geu-ro-bu-teo

その他の助詞

나 na

羅列、選択する 「〜か」「〜や」「〜も」「〜でも」
※パッチムあり：이나 [i-na]

（海か山）
바다나 산 に遊びに行こう
pa-da-na　　　san

（トマトやジャガイモ）
토마토나 감자 を買います
to-ma-to-na　　　kam-ja

만 man

限定を表す 「〜だけ」「〜ばかり」

（お前だけ）
너만 注目された
neo-man

（携帯電話ばかり）
휴대폰만 見ている
hyu-dae-pon-man

뿐 ppun

唯一のものだと表す 「〜のみ」「〜だけ」「〜ばかり」

（日本語だけ）
일본어뿐 です
il-bo-neo-ppun

밖에 pa-kke

他に選択できないことを表す 「〜しか」「〜のみ」
※必ず否定文になります。

（チョコレートしか）
초콜릿밖에
cho-kol-lit-ppa-kke
残ってないの

만／밖에／뿐（〜だけ）の使い分け

만：肯定文・否定文どちらでも使用できる
　　「牛乳だけある」「牛乳だけない」

우유만 있다/없다
u-yu-man　　it-tta/eop-tta

밖에：否定文でしか使用できない
　　　「牛乳しかない」

우유밖에 없다
u-yu-ba-kke　　eop-tta

뿐：主に後節は指定詞を用いる
　　「牛乳だけです」

우유뿐입니다
u-yu-ppu-nim-ni-da

뿐は「만」をつけて活用する場合もあります。

・**뿐만 아니라**（〜だけでなく）　　※「만」を省いても同じ意味です。

比較するとき　「〜より」

（ソウルより）

서울보다　釜山が好き
seo-ul-bo-da

似た状況やすべてを表す　「〜ごとに」「〜のたびに」

（学年ごとに）

학년마다　ネクタイの色が違います
hang-nyeon-ma-da

（休暇のたびに）

휴가마다　旅行に行っています
hyu-ga-ma-da

마다は、日本語の「毎〜」にあたり、「毎日」や「毎週」という単語にも用いられます。

날마다	毎日（日々）
해마다	毎年（年ごとに）
주말마다	毎週末（週末のたびに）

※「〜ごとに」「〜のたびに」というニュアンスではない場合、名詞の『매일（毎日）』『매년（毎年)』を用いましょう。

名前の呼び方

名前につける「〜さん」

韓国の方を呼ぶときに気をつけることがあります。韓国では日本とは違いフルネームに「さん」をつけます。苗字のみで呼ぶのは大変失礼にあたります。

홍길동 씨 （ホン・ギルトンさん）

氏名の間はくっつけて書きます。『씨』は、漢字で表すと「氏」となります。
上司の方に「〜さん」をつけて呼ぶのも失礼になり、部長であれば『〜부장님』と
「役職名＋様」を苗字につけて呼びます。

親しい間柄の人につける「ヤ・ア・イ」

友人や恋人、目下の人に親しみを込めて用いる呼称語もあります。パッチムなしの名前は「야」、パッチムありの名前は「아」をつけて連音化します。
ファーストネームで呼びます。

パッチムなしの名前
철수야 チョルスヤ

パッチムありの名前
소율아 ソユラ

日本語の「〜くん」「〜ちゃん」のように男女で分かれていません。

呼びかけ以外

呼びかけではなく、親しい知人の名前を出すときにパッチムありの名前に【이】をつけることもあります。

例　## 지안이가 말했어 （ジアンが言ってたよ）

※携帯電話の名前登録でも用いられます。

言葉づかい

丁寧語とタメ口

韓国語は、日本語と同じように丁寧語とタメ口があります。話し手と聞き手の社会的な関係性や心理的距離により、言葉づかいの丁寧さを使い分けることを待遇法と言います。

待遇法

	丁寧		
	上称	**합니다体**	ハムニダ体
	略待上称	**해요体**	ヘヨ体
	下称	**한다体**	ハンダ体
ぞんざい	略待	**해体**	ヘ体（パンマル）

ハンダ体は、動詞のみで使用します。形容詞・存在詞・指定詞では用いません。

待遇法の「ハムニダ体」「ヘヨ体」「ハンダ体」「ヘ体」は、**하다**[ha-da]用言からきています。
하다は、名詞や副詞に付いて形容詞や動詞にしたりと活用の幅が広く、動詞の場合は「する」「やる」「行う」という動作を表し、形容詞の場合は状態や性質を表します。

ハムニダ体（文語・口語）
갑니다　「行きます」
かしこまった丁寧語

ヘヨ体（口語）
가요　「行きます」
やわらかい印象の丁寧語

ハンダ体（文語・口語）
간다　「行くからね」
対等・目下が相手

原形
가다 （行く）

ヘ体（口語）
가　「行くわ」
対等・目下が相手

指定詞の平叙文

現在形の文を作る「〜です」

指定詞とは、体言（名詞など）につく品詞です。
「これは机だ」や「私は会社員です」といった文を作ることができます。

原形
体言 + 이다 （〜だ・〜である）
i-da

※パッチムなしの体言には『体言+다』となります。

〜です		〜だよ
堅い丁寧語	やわらかい丁寧語	タメ口
입니다 im-ni-da	이에요 i-e-yo	이야 i-ya

（会社員です）
회사원입니다
hwe-sa-wo-nim-ni-da

※입니다はパッチムの有無に関係なく用います。

やわらかい丁寧語とタメ口は、パッチムなしの体言には『縮約形』を用います。

> ·이에요 → 예요 e-yo　　·이야 → 야 ya

例

（バナナです）
바나나예요
pa-na-na-e-yo

（リンゴだよ）
사과야
sa-gwa-ya

※「-예요」の発音は[ye-yo]ではなく[e-yo]になります。

指定詞の過去形

過去形の文を作る「〜でした」

指定詞「이다」を過去形にして「〜だった」という語尾にしてみましょう。

パッチムありの場合 体言 + **原形**
이었다 （〜だった）
i-eot-tta

〜でした		〜だったよ
堅い丁寧語	やわらかい丁寧語	タメ口
이었습니다 i-eot-sseum-ni-da	**이었어요** i-eo-sseo-yo	**이었어** i-eo-sseo

例 **（食堂でした）**
식당이었습니다
sik-ttang-i-eot-sseum-ni-da

パッチムなしの場合は『이어→여』になります。

例

（マッコリだった）
막걸리였다
mak-kkol-li-yeot-tta

〜でした		〜だったよ
堅い丁寧語	やわらかい丁寧語	タメ口
였습니다 yeot-sseum-ni-da	**였어요** yeo-sseo-yo	**였어** yeo-sseo

指定詞の疑問文

疑問文を作る・質問する「〜ですか？」

指定詞を「〜ですか？」「〜でしたか？」という疑問文にしてみましょう。

입니다
（〜ですか？）
↘ 입니까?
im-ni-kka

이었습니다
（〜でしたか？）
↘ 이었습니까?
i-eot-sseum-ni-kka

語尾の다を取り、【까】をつけます。
やわらかい丁寧語の이에요やパンマルの이야は形が変わらず、聞き手に質問するように語尾をしり上がりに発音してください。

◎助詞の使い方に注意！

日本語で「名前は何ですか？」の助詞は「は」ですよね。
助詞の「は」は、『은／는』にあたりますが、疑問詞を用いた文を作るときは違う助詞になります。

이름이 뭐예요?
i-reu-mi　　mwo-e-yo
直訳：名前が何ですか？

疑問文では、日本語の「が」にあたる助詞『이／가』を使うのが一般的です。
『은／는』を使っても問題はないですが、「（ところで）名前は何ですか？」というニュアンスになります。

指定詞の否定形

否定する「〜ではありません」

指定詞を「〜ではない」と否定する文にしてみましょう。
否定形は、助詞が必要になります。

原形

体言 ＋ **이/가** ＋ **아니다** （〜ではない）
a-ni-da

助詞『**이／가**』の訳は「が」ではなく「では」になります。
体言にパッチムがあれば『**이**』、なければ『**가**』がつきます。

〜ありません	〜ないです	〜ないよ
堅い丁寧語	やわらかい丁寧語	タメ口
아닙니다 a-nim-ni-da	**아니에요** a-ni-e-yo	**아니야** a-ni-ya

（韓国人ではありません）
한국인이 아닙니다
han-gu-gi-ni　　a-nim-ni-da

否定文を過去形の語尾にしてみましょう。

이/가 ＋ 아니었다 （〜ではなかった）
a-ni-eot-tta

※「**아니였다**」ではないので注意してください。

〜ありませんでした	〜なかったです	〜なかったよ
堅い丁寧語	やわらかい丁寧語	タメ口
아니었습니다 a-ni-eot-sseum-ni-da	**아니었어요** a-ni-eo-sseo-yo	**아니었어** a-ni-eo-sseo

疑問文は、語尾の **다** を取り、【**까**】をつけます。

의사가 아니었습니까? （医者ではありませんでしたか？）
ui-sa-ga a-ni-eot-sseum-ni-kka?

用言の語幹と語尾

変化しない「語幹」・変化する「語尾」

用言を「〜ます」「〜ました」などの語尾に変化させるには、単語の『語幹』を理解する必要があります。
用言は、変化しない語幹と変化する語尾で成り立っています。

用言の原形の語尾には【다】があります。【다】の前にある文字が語幹となります。

語幹3パターン

用言の語幹は「母音語幹」「子音語幹」「ㄹ語幹」に分類されます。

語尾をハムニダ体にするときは「母音語幹」「子音語幹」「ㄹ語幹」で分け、ヘヨ体にするときは中声の母音が「陽母音」なのか「陰母音」なのかで分けます。

また、連結語尾や終結語尾を作るために、陽語幹に『아』、陰語幹に『어』をつけて活用することを【連用形】にすると言います。

用言の平叙文

ハムニダ体「〜ます」「〜です」

かしこまった丁寧語のハムニダ体の語尾「〜ます」「〜です」は、下記の語尾をつけます。

| 母音語幹 | ㅂ니다 | 子音語幹 | 습니다 |

ㅂ니다 m-ni-da　　습니다 seum-ni-da

※ㄹ語幹は、ㄹ脱落します。

活用例

보다 (見る)　　　　　봅니다 (見ます)

날다 (飛ぶ)　ハムニダ体→　납니다 (飛びます)

즐겁다 (楽しい)　　　　즐겁습니다 (楽しいです)

ハムニダ体の疑問文

指定詞の疑問文と同じ活用方法です。語尾の다を取り、【까】をつけます。

活用例

봅니다　　봅니까? (見ますか？)

납니다　疑問文→　납니까? (飛びますか？)

즐겁습니다　　즐겁습니까? (楽しいですか？)

ヘヨ体「〜ます」「〜です」

やわらかい丁寧語のヘヨ体は、語幹の母音を確認して「〜ます」「〜です」をつけます。語幹にパッチムがある場合は、中声の母音を確認します。

| 陽語幹 | 아요 a-yo | 陰語幹 | 어요 eo-yo |

※すべてが規則的ではなく、陽母音の「ㅐ」と「ㅚ」は『어요』がつきます。

活用例

좋다 （良い）
웃다 （笑う）

→ ヘヨ体 →

좋아요 （良いです）
웃어요 （笑います）

パンマル（タメ口）

パンマルは、ヘヨ体から【요】を外してください。

パンマルは、目下の人や親しい間柄で用います。関係性により両親や兄姉にパンマルを使うこともありますが、基本的には1歳でも年上ならヘヨ体を用います。

また、同い年でもパンマルにする際は相手に確認するのがベターです。

좋아
（いいよ）

ヘヨ体とパンマルの疑問文

語尾の変化はなく、聞き手に質問するように語尾をしり上がりに発音してください。

ヘヨ体 아/어の縮約

母音語幹の用言のヘヨ体は『아/어』が縮約され、語尾の「요」がつきます。

타다
(乗る)
아縮約 →
타요
(乗ります)

ただし、すべての母音語幹が『아/어』縮約というわけではありません。母音の種類により、母音の形が変化します。

아/어縮約

ㅏ + 아요	ㅓ + 어요	ㅕ + 어요	ㅐ + 어요	ㅔ + 어요
ㅏ요	**ㅓ요**	**ㅕ요**	**ㅐ요**	**ㅔ요**

母音変化

ㅗ + 아요	ㅜ + 어요	ㅚ + 어요	ㅣ + 어요
ㅘ요	**ㅝ요**	**ㅙ요**	**ㅕ요**

※口語では「아/어」の発音は省略。
文語では縮約せずに用います。

마시다
(飲む)

마셔요
(飲みます)

「飲む」という単語だと、口語は「마셔요」、文語は「마시어요」となりますが、最近では文語でも縮約した形を用いることもあります。

存在詞

存在詞「ある・いる」「ない・いない」

存在詞とは、「ある・いる」「ない・いない」など、『人』『もの』『出来事』が存在するかしないかを表します。

男の人が
いる

News!

ケーキがある

新しいニュースがある

「ある／ない」は形容詞に分類され、「いる／いない」は動詞に分類されます。

ある・いる

原形 **있다**
it-tta

ハムニダ体 → **있습니다** （あります・います）
it-sseum-ni-da

ヘヨ体 → **있어요** （あります・います）
i-sseo-yo

ない・いない

原形 **없다**
eop-tta

ハムニダ体 → **없습니다** （ありません・いません）
eop-sseum-ni-da

ヘヨ体 → **없어요** （ありません・ないです いません・いないです）
eop-sseo-yo

ハムニダ体の場合、「ございます」や「おります」と訳しても構いません。
パンマルは、ヘヨ体の【요】を外します。

存在詞の注意点

韓国語は「ある」と「いる」、「ない」と「いない」が同じ単語のため、文によって
は勘違いをしてしまうことがあります。

例 # 어디 있어요?
どこ

「どこにいるの？」
「どこにあるの？」

있다・없다を訳すときは全体の文を理解する必要があります。

注意「席、ありますか？」

日本人が頭を抱える韓国語「席ありますか？」問題。

자리 있어요?
席

もし、あなたが座れる席を探していたとして、見つけた空席の隣の人に上記のよ
うに聞いたとします。

「네, 있어요」
はい

正解は「×」

←これは、席が「空いている」
という意味だと思いますか？

【자리 있어요？】は「この席に（座る人は）いますか？」という意味で、肯定文
だと「座る人がいる」ということになります。

「아뇨, 없어요」……と言ってもらえたら、座ってくださいね。
いいえ、（座る人は）いませんよ

解決フレーズ　　これなら、返答に戸惑いません！

「여기 앉아도 돼요?」(ここ、座っても良いですか？)

用言の過去形

用言の過去形「〜した」「〜だった」

用言を過去形の語尾にしてみましょう。語幹の母音を確認して語尾をつけます。

陽語幹 **았다** at-tta   陰語幹 **었다** eot-tta

陽母音の語幹には「**았**」、陰母音の語幹には「**었**」をつけます。語幹にパッチムがない単語は『**아/어**』が縮約されて【**ㅆ다**】がつきます。『**았/었**』は時制補助語幹と言います。

하다用言を過去形にしてみましょう。

하다 過去形 ➡ **했다** haet-tta

活用語尾　　　　　　　　　　　　※過去形のハンダ体は、原形と同じ形になります。

	〜しました／〜でした		〜したよ／〜だったよ
	ハムニダ体	ヘヨ体	パンマル
陽語幹	**았습니다** at-sseum-ni-da	**았어요** a-sseo-yo	**았어** a-sseo
陰語幹	**었습니다** eot-sseum-ni-da	**었어요** eo-sseo-yo	**었어** eo-sseo
하다用言	**했습니다** haet-sseum-ni-da	**했어요** hae-sseo-yo	**했어** hae-sseo

過去形の疑問文

疑問文の場合、ハムニダ体は語尾の**다**を【**까**】に変え、ヘヨ体やパンマルは語尾をしり上がりに発音してください。

用言の否定形

用言の否定形「〜しない」「〜ない」

用言を否定形の語尾にしてみましょう。語幹につけるだけで活用できます。

用言語幹 **지 않다**
chi　　an-ta

하다用言を否定形にしてみましょう。

하다 否定形➡ **하지 않다**
　　　　　　　　　　ha-ji　　　an-ta

語幹の文字によって、「**지**」は有声音化して[ji]という発音になります。

活用語尾

〜しません／〜ではありません		〜しないよ／〜ではないよ
ハムニダ体	ヘヨ体	パンマル
지 않습니다 chi an-sseum-ni-da	**지 않아요** chi a-na-yo	**지 않아** chi a-na

過去形を否定文にする

【**않다**】を過去形にすれば「〜しなかった」「〜なかった」という文を作ることができます。

그렇게 맛있지는 않았습니다
keu-reo-ke　　ma-sit-tchi-neun　　a-nat-sseum-ni-da

(そんなに美味しくはありませんでした)

用言の否定形【副詞活用】

用言の否定形は『지 않다』の他に、否定を表す副詞を用いて表現することもできます。

안 ⎍ 用言の平叙文 （～しない・～ない）
an

副詞の【안】を用言の平叙文の前に置くだけです。必ず分かち書きをします。

活用例

（辛いです）
맵습니다

（辛くないです）
안 맵습니다

否定形 ➡

（食べました）
먹었어요

（食べませんでした）
안 먹었어요

하다用言を【안】を使って否定形にしてみましょう。

（僕は、しません）
나는 안 해요
na-neun   an   hae-yo

分かち書きをしますが、続く文字と連音化して発音します。
「アン ヘヨ」ではなく「アネヨ」の方が発音は近いです。

하다用言の注意点

名詞に**하다**がついた動詞は、名詞と切り離して活用します。

등록 (登録) **하다** (する) → **등록 안 해요** (登録しません)

1文字に**하다**がついている単語や、形容詞からなる「**좋아하다**」のような単語は、用言の前に【안】をつけます。

좋아하다 (好む) → **안 좋아합니다** (好きではありません)

分かち書き

文節の間にスペースを入れる

文節の間にスペースを入れて区切ることを「分かち書き」と言います。
文節とは、「ね」を入れると区切れるところです。

저는 엄마와 빵을 만들었습니다
「私はね　お母さんとね　パンをね　作りました」

分かち書きをしないと読みづらかったり、意味が変わってしまう言葉もあります。
また、区切って書くように文法上、決められているものもあります。

分かち書きしないと意味が異なる例

개새끼 **(クソ野郎)** ⬌ 개 새끼 **(犬の子供)** 子犬は「강아지」と言います。

못하다 **(下手だ)** 能力がなくて「できない」 ⬌ 못 하다 **(できない)** 理由があって今は「できない」

口語の場合は会話の流れやシチュエーションで分かりますが、文語だと分かち
書きするかしないかで文に間違いが生じます。

文法上のルール

①補助用言　「〜してみる」「〜していく」というような用言は分かち書きをします。
　　　　　　ただし、くっつけて書いても許容されます。**말해 보다** ○　**말해보다** △

②依存名詞　「수」「것」のように単独では用いられず、他の単語の後ろにつくと名詞的な機
　　　　　　能をする単語のこと。**할 수 있다**（することができる）
　　　　　　　　　　　　　　네 권（4冊）アラビア数字の場合「4권」でもいいです。

③大きい数詞　大きい数字は、万単位でスペースが必要。**5억 1000만**（5億1000万）

④合成語・固有名詞・専門用語　単語と単語の間はスペースが必要ですが、くっつけて
　　　　　　　　　　　　　　　書いても許容されます。

不可能表現①

動詞の不可能表現「～できない」

動詞の平叙文を使って「～できない」という語尾にしてみましょう。

못
mot

| 動詞の平叙文 |

↖하다以外の動詞の場合、分かち書きします。

活用例

(食べます)
먹어요 　**不可能➡**　**(食べられません)**
못 먹어요

하다用言を不可能表現にするときは……

(約束できない)
약속 못합니다

「약속하다（約束する）」のような、名詞に하다がついた用言の場合は、名詞＋못하다となります。못と하다の間は、分かち書きをしません。

名詞につかず「하다」だけで用いるときは、分かち書きありなしでニュアンスが異なります。

車の運転できる？

お酒を飲んでて
오늘은, 못 해요
(今日はできません)

「못하다」は、「劣る・及ばない＝下手だ」という意味になります。

運転が下手で
아뇨, 못해요
(いいえ、できません)

하다用言の注意点

１文字に**하다**がついている「**전하다**」のような単語は、用言の前に【**못**】をつけます。分かち書きも忘れずに！

전하다 (伝える) → 못 전해요 (伝えられません)

丁寧な不可能表現

動詞や一部の形容詞の語幹につけて「〜できません」という表現にしてみましょう。原則的に形容詞は「〜できない」という文を作ることはできませんが、ある状態に至らない（思い通りにならない）という表現で使うことができます。

用言語幹 지 못하다
chi mo-ta-da

※【지】は、語幹の文字により発音が変化します。

活用例

(入る)
들어가다 **不可能⇒** (入ることはできません)
들어가지 못합니다

強調したいときは、助詞の「는」「를」「도」などをつけます。

진짜로 들어가지를 못해?
(本当に入ることができないの？)

形容詞の不可能表現

좋다（良い）、**편하다**（楽だ）、**넉넉하다**（十分だ）のような形容詞で、「基準を満たしていない」という表現で用います。

화장실의 위치가 좋지 못해요
(トイレの位置が良くありません)

［ 助詞に注意 ］

助詞の使い方を理解する

韓国語の助詞は、後にくる内容によって訳が変わることがあります。
例えば「〜が好き」「〜が嫌い」という文を作るとき、「이/가（〜が）」ではなく『을/를（〜を）』となります。

을/를
（〜が）

좋아하다 （好きだ）
cho-a-ha-da

싫어하다 （嫌いだ）
si-reo-ha-da

한국을 좋아합니다
（韓国が好きです）

直訳すると「〜を好き（嫌い）」となります。
状態の述語を表すときに『을/를』を用います。他にも「サッカーがしたい」や「キムチが食べたい」などがあります。

また、動作を表す名詞を目的語として使用する際は「〜に」という訳になります。

（出張）
출장

（墓参り）
성묘

（釣り）
낚시

（〜に行く）
을/를 가다
ka-da

他に「友達に会う」や「タクシーに乗る」というような動作の対象を表すときも『을/를』を用います。
「〜に行く」の助詞は、文によって変わります。場所を指すときは『에（〜に）』になるので注意が必要です。

移動の目的

移動をする目的「〜しに」

例えば、「買い物に行く」という文の「〜に」の助詞はどれがふさわしいでしょうか。에？　을/를？　どちらも違います。この場合は、「〜をしに」という表現となり、連結語尾を用います。

| 母音語幹 | 러 reo | 子音語幹 | 으러 eu-reo |

쇼핑하러 갔습니다
（買い物に行きました）

우리 집에 식사하러 와
（家に食事しに来なよ）

※自分の家を指すときに、「我が家」という意味で「우리 집」「저희 집」と言います。

『으러/러』は、가다（行く）、오다（来る）、다니다（通う）という動詞の文のときにのみ使用します。「運動しに行く」「応援しに来る」「勉強しに通う」などです。
　「釣りに行く」や「墓参りに行く」は、助詞の「을/를」の代わりに『하러』を使うことができます。

活用例

먹다（食べる）

놀다（遊ぶ）　　　〜しに ➡　

낚시하다（釣りする）

먹으러（食べに）

놀러（遊びに）

낚시하러（釣りしに）

命令文

尊敬語の命令文「〜してください」

尊敬の対象になる方に丁重に命令することができる語尾となります。演説や公的な席で使用できます。

母音語幹
ㄹ語幹 **십시오**
sip-ssi-o

子音語幹 **으십시오**
eu-sip-ssi-o

動詞の語幹につきます。
駅や空港のアナウンスなどでもよく耳にする語尾です。

잠시만 기다려 주십시오　　기다리다（待つ）
　　（しばらくお待ちください）　　　주다（あげる）

※「今しばらくお待ちいただけますでしょうか」が近いと思います。

命令文以外でも、「〜しましょう」といった勧誘文でも用いることができます。

함께 가십시오（一緒に参りましょう）

活用例

오다（来る）　　　　　오십시오（お越しください）

보다（見る）　**命令文➡**　보십시오（ご覧ください）

받다（受ける・もらう）　받으십시오（お受け取りください）

丁寧な命令文「〜してください」「〜しなさい」

『(으)십시오』より堅い印象がない丁寧な命令文です。

母音語幹	세요	子音語幹	으세요
ㄹ語幹	se-yo		eu-se-yo

動詞の語幹につけて、お願いするようなニュアンスで使用することができます。タクシーの運転手に「行ってください」と伝えたり、「気をつけてください」と注意を促すことができます。

인천공항까지 가세요
(仁川空港まで行ってください)

감기 조심하세요
(風邪に気をつけてくださいね)

ぞんざいな命令文「〜しろ」

目下の人、友人にしか用いることができない表現です。親しくても年上には使用してはいけません。とても失礼にあたります。

陽語幹	아라	陰語幹	어라
	a-ra		eo-ra

【라】を外しても命令形として使えます！

動詞と存在詞の**있다**の語幹につきます。

活用例

와라 (来い)

가만히 있어라
(じっとしてろ)

공부해라 (勉強しろ)

> 「行く」「寝る」などの一部の単語には【거라】をつけるときもあります。
>
> ## 가거라
> (行きなさい／行け)

勧誘文

勧誘文「〜しましょう」

聞き手に行動や動作を提案する終結語尾です。動詞・있다につけます。

母音語幹			子音語幹	
ㄹ語幹				

母音語幹 / ㄹ語幹 ㅂ시다
p-ssi-da

子音語幹 읍시다
eup-ssi-da

※ㄹ語幹は、パッチムㄹが脱落します。

活用例

보다 (見る) ⟶ **勧誘文** ⟶ 봅시다 (見ましょう)

만들다 (作る) ⟶ 만듭시다 (作りましょう)

먹다 (食べる) ⟶ 먹읍시다 (食べましょう)

尊敬語の勧誘文

『ㅂ/읍시다』の訳は「〜しましょう」なのですが、目下の人や親しい間柄でしか使えません。目上の方に対しては、尊敬語の語尾にしましょう。

母音語幹 / ㄹ語幹 십시다
sip-ssi-da

子音語幹 으십시다
eu-sip-ssi-da

※ㄹ語幹は、パッチムㄹが脱落します。

여기에 앉으십시다
（ここに座りましょう）

앉다 (座る)

タメロの勧誘文「〜しよう」

目下の人や友人相手には「〜しよう」というタメロの語尾が用いられます。動詞、存在詞の**있다**の語幹につけて活用します。

動詞・있다　語幹 **자**
cha

※語幹の文字により発音が変化します。
パッチムの有無は関係ありません。

하다用言を勧誘文にしてみましょう。

〜しましょう（尊）	〜しましょう	〜しよう
하십시다 ha-sip-si-da	**합시다** hap-si-da	**하자** ha-ja

이제 갑시다
（もう行きましょう）

커피 마시자
（コーヒー飲もう）

좀 더 여기에 있자
（もう少しここにいよう）

※좀（ちょっと）、더（もっと）は
日本語と語順が逆になります。
覚えておきましょう！

禁止表現

行為を止める「〜しないで」「〜やめて」

相手の行為を止めるときに用いることができる活用語尾です。

動詞・있다 語幹　**지 말다**
chi　　　　mal-da

※【지】は、語幹の文字により
発音が変化します。

この禁止の表現は、命令文と勧誘文でのみ使用することができます。

ヘヨ体

（〜しないでください）
지 말아요
chi　　ma-ra-yo

命令文

（〜しないでください）
지 마십시오
chi　　ma-sip-ssi-o

지 마 （〜しないで）
chi　ma

勧誘文

지 맙시다 （〜するのを
chi　map-ssi-da　　やめましょう）

지 말자 （〜するのをやめよう）
chi　mal-ja

（〜しないでください）
지 마세요
chi　ma-se-yo

ポイント

ぞんざいな口調の命令形「–아라」「–아」をつける場合、『지 말아라』や『지 말아』にならず、【지 마라】【지 마】となります。

ただし、会話ではなく文章や不特定多数の方に命令するとき、間接的に用いるときは "지 말라" となります。

活用例

(撮る)	(撮るのはやめましょう)
찍다	**찍지 맙시다**

(ふざける)		(ふざけないでください)
까불다	禁止 ➡	**까불지 마세요**

(勘違いする)	(勘違いするな)
착각하다	**착각하지 마**

強調したいときは、助詞の「는」「를」「도」をつけます。

장난치다
(悪戯する)

장난치지도 마라
(ふざけるのもいい加減にしろ)

가지 말라고 했어
(行くなと言っただろ)

화내지 말자
(怒るのはやめよう)

하지 마
(やめて)

화내다
(怒る)

同意と質問文

同意文「〜でしょう」「〜しましょう」

事実についての同意、確認を行うときや、相手を勧誘、質問するときに用います。

用言語幹 **지요**
chi-yo

※【지】は、語幹の文字により
発音が変化します。

用言の語幹につけます。パンマルで用いる場合は【요】を外します。

活用例

춥다 (寒い)　　　　　　　　　　춥지요 (寒いでしょう)

그렇다 (そうだ) 同意・確認➡ 그렇지요 (そうでしょう)

재미있다 (面白い)　　　　　　　재미있지 (面白いでしょ)

> ※『그렇지』は、縮約されて【그치】と使われるときがあります。
> 「でしょ」「だよね」という意味で、基本的に口語で用いますが、携帯電話の
> メッセージなどでも使えます。

名詞＋指定詞の語幹につけて活用することもできます。また、語尾をしり上がり
に発音すれば、疑問文として相手に質問することができます。

活用例

얼마다
(いくらだ)
確認・質問➡ 얼마지요?
(いくらでしょう?)

내일이다
(明日だ)
내일이지?
(明日よね?)

丁寧語の縮約

「〜しましょう」「〜でしょう」の【지요】は縮約することができます。縮約形の方がより使われます。

지요 ➡縮約➡ 죠
chyo

副詞の「같이 （一緒に）」などと共に用いると、相手への提案・勧誘として使用できます。

집에서 같이 먹죠 （家で一緒に食べましょう）

우리랑 한 잔 하시죠 （私たちと一杯やりましょう）

意志・推量

意志「〜するつもり」推量「〜しそうだ」

用言の語幹につき、話し手の意志や推量を表します。また、疑問文にして聞き手に尋ねることができます。

※【겠】は時制補助語幹と言います。
語幹の文字により発音が変化します。

活用語尾　　　　　　　　　　　　　　　　　※ハンダ体は、原形と同じ形になります。

〜します		〜するよ
ハムニダ体	ヘヨ体	パンマル
겠습니다 ket-sseum-ni-da	**겠어요** ke-sseo-yo	**겠어** ke-sseo

主観的にこれからの行動を表すときは「〜します」、こうなるであろうと客観的に用いる場合は「〜そうです」という訳になります。

活用例

늦다 (遅れる)

알다 (分かる)

意志・推量 ➡

늦겠습니다 (遅れます・遅れそうです)

알겠습니다 (分かりました)

『알겠습니다』は、指示や依頼されたときに「承知いたしました」という意味合いで用いられるため、訳すときは過去形の「分かりました」となります。
また、副詞の『안』『못』をつければ否定形の文を作れます。

왜 안 하겠어?
(何でやらないの？)

못 가겠어요
(行けないです)

【겠다】は、今後の意向や意志を表したり、そのときの状態を推測や推量したり、また未来のことを発言するときに用います。

意志・意向 내일 사겠습니다 (明日、買います)

推測・推量 재미있겠죠? (面白そうでしょう?)

近い未来 잠시 후 시작되겠어요 (まもなく始まります)

推量表現（現在・過去）

推量で用いる場合、現在・過去の出来事も表現できます。

現在 오늘은 아침부터 힘들겠네
(今日は朝から大変そうだね)

過去 밤중에 비가 왔겠어요
(夜中に雨が降ったんでしょう)

慣用表現

時制とは関係なく、挨拶や道を尋ねる場合、またそのような状況や状態になるであろうという表現でも用います。

처음 뵙겠습니다
(はじめまして)

길 좀 묻겠습니다
(道をちょっとお尋ねします)

안타까워 죽겠어요
(残念でたまりません)

※直訳『죽겠어요＝死にそうです』

願望文

願望文「〜したい」

動詞と存在詞の**있다**の語幹につけて、話し手の願望を表します。

【動詞・있다 語幹】 **고 싶다**
ko　　sip-tta

※【고】は、語幹の文字により発音が変化します。

活用語尾

〜したいです		〜したいよ
ハムニダ体	ヘヨ体	パンマル
고 싶습니다 ko sip·sseum-ni-da	고 싶어요 ko si-peo-yo	고 싶어 ko si-peo

活用例

쉬다 (休む) → 願望文 → **쉬고 싶습니다** (休みたいです)

먹다 (食べる) → **먹고 싶어요** (食べたいです)

願望文で質問する「〜したいですか？」

話し手の願望だけでなく、疑問文にすることで聞き手の願望を尋ねることができます。

부산에 가고 싶습니까?
(釜山に行きたいですか？)

가서 뭐 하고 싶어?
(行って何がしたい？)

過去形「〜したかった」

過去形にするには、싶다の語幹に『었다』をつけてください。

活用語尾

〜したかったです		〜したかったよ
ハムニダ体	ヘヨ体	パンマル
고 싶었습니다	**고 싶었어요**	**고 싶었어**
ko si-peot-sseum-ni-da	ko si-peo-sseo-yo	ko si-peo-sseo

「〜が欲しい」

【고 싶다】は「〜が欲しい」という文も作ることができます。

갖고 싶다
kat-kko　　sip-tta

※【갖다】= 持つ／有する
"手に入れたい" という意味です。

새 휴대폰을 갖고 싶어요
(新しい携帯電話が欲しいです)

※ほかに携帯電話は『핸드폰』とも言い、スマートフォンは
『스마트폰』、機種を説明したいときは、iPhoneは『아이폰』、
ギャラクシーは『갤럭시(폰)』などと言います。

ポイント

「〜が欲しい」という場合は、すべてに『갖고 싶다』
が使えるわけではありせん。例えば、自身が長男
で「お兄ちゃんが欲しかった」や、ドラマを見て
いて「こんな彼氏が欲しい」というときは、「〜が
いたらいいのに」という表現を使用します。

이런 남자친구가 있으면 좋겠다
(こんな彼氏が欲しい [〜がいたらいいな])

現在連体形

動詞と存在詞の現在連体形

現在起きていることや一般的な物事や状態を、名詞を修飾する形にして表すことができます。「する〜」「している〜」という文になります。

動詞・存在詞　語幹
neun

パッチムの有無は関係ありません。

맛있는 홍차를 마시다
(美味しい紅茶を飲む)
맛있다（美味しい）＋ 홍차（紅茶）

커피를 마시는 모습
(コーヒーを飲んでいる姿)
마시다（飲む）＋ 모습（姿）

보는 것은 불가능해요
(見ることは不可能です)
보다（見る）＋ 것（こと）

※依存名詞の前にもつけることができます。

ポイント

ちなみに、基本的に形容詞では使用できませんが、『맛있다（美味しい）』や『재미없다（面白くない）』のように【있다／없다】がつく用言は例外的に使用できます。

形容詞と指定詞の現在連体形

形容詞などで名詞を修飾して、現在の状態を表現することができます。
「きれいな〜」や「美しい〜」というような文が作れます。

パッチム無　　パッチム有

形容詞・指定詞　語幹　　ㄴ / 은
　　　　　　　　　　　　n　　　eun

子音語幹で変則活用がある子音には注意が必要です。

예쁜 사람이었습니다
（きれいな人でした）
예쁘다（きれいだ）+ 사람（人）

좋은 날씨입니다
（良い天気です）
좋다（良い）+ 날씨（天気）

처음인 여자친구
（初めての彼女）
처음이다（初めてだ）+ 여자친구（彼女）

아무것도 아닌 일
（何でもないこと）
아무것도 아니다（何でもない）+ 일（こと）

※パッチム『ㄴ』の次に『이』がくるときは「ㄴの添加」で発音に注意です。
　아닌 일＝[a-nin-nil]

過去連体形

動詞の過去連体形

後にくる名詞を修飾し、「した～」「していた～」という過去の出来事を表す文を作ることができます。

パッチム無　パッチム有

動詞語幹 　ㄴ / 은
　　　　　n　　eun

子音語幹で変則活用がある子音には注意が必要です。

어제 먹은 요리
(昨日食べた料理)
먹다(食べる) + 요리(料理)

어머니가 만든 케이크
(母が作ったケーキ)
만들다(作る) + 케이크(ケーキ)

한국에 간 친구
(韓国に行った友人)
가다(行く) + 친구(友人)

기모노를 입은 여자
(着物を着た女性)
입다(着る) + 여자(女性)

過去に起きた出来事や行為が完了していること、その状態が維持されていることを表します。

用言の過去連体形（未完）

現在は完了していない過去の回想を、「した〜」「だった〜」と名詞を修飾して表現します。

　　　　用言語幹 **던**
　　　　　　　　teon　　　　　パッチムの有無は関係ありません。

자주 산책하**던** 길 （よく散歩した道）
　　　　　　　　　　　산책하다（散歩する）＋ 길（道）

아까 마시**던** 주스 （さっき飲んでいたジュース）
　　　　　　　　　　　마시다（飲む）＋ 주스（ジュース）

動詞の過去連体形『ㄴ / 은』との違いは、その行為が完了しているかいないかです。完了であれば「朝、飲んだジュース」というような形になります。未完の【던】を使うときは、まだ飲み切っていない状態となります。

用言の過去連体形（完了）

既に完了している過去の回想を表す「した〜」「かった〜」「だった〜」という文が作れます。

　　　　用言語幹 **아/어 ＋ 써던**
　　　　　　　　　　　　　　t-tteon

語幹の母音が陽母音か陰母音かで**아/어**形にし、【써던】をつけてください。

우승했**던** 경력 （優勝した経歴）
　　　　　　　　　　우승하다（優勝する）＋ 경력（経歴）

처음으로 갔**던** 해외여행 （初めて行った海外旅行）
　　　　　　　　　　　　　가다（行く）＋ 해외여행（海外旅行）

未来連体形

推量・予定・意志・意図を表す

これから「する〜」という意志・意図を聞き手に伝えたり、「するだろう」という
推量表現や予定なども表すことができます。

用言語幹

パッチム無　パッチム有

ㄹ / **을**
l　　　eul

※ㄹ語幹は、パッチムㄹが脱落します。

未来連体形は、名詞を修飾するだけでなく、依存名詞の『것』『터』などと一緒に
用いることが多いです。

名詞【때】活用「〜するとき」

用言語幹 **ㄹ/을 때**
ttae

떡볶이가 먹고 싶을 때
（トッポッキが食べたいとき）

한 우산을 같이 쓸 때
（相合傘をするとき）

※直訳は「1つの傘を一緒にさすとき」
ちなみに韓国語に "相合傘" という単語はないようです。

依存名詞【것】活用「〜するだろう」「〜するつもりだ」

「〜こと」という意味の【것】に指定詞をつけ、「〜するだろう」や「〜するつもりだ」という文が作れます。

用言語幹 ㄹ/을 **것이다**
keo-si-da

※「것이다」は縮約して「거다」と用いても構いません。

活用語尾

	〜するつもりです		〜するつもりだよ
	ハムニダ体	ヘヨ体	パンマル
	것입니다 keo-sim-ni-da	것이에요 keo-si-e-yo	것이야 keo-si-ya
縮約形	겁니다 keom-ni-da	거예요 keo-e-yo	거야 keo-ya

진짜 할 거예요 (本当にやります [やるつもりです])

また、【것】の後に形容詞の『같다』をつけて、「〜するみたいだ」「〜だと思う」という文も作れます。

用言語幹 ㄹ/을 **것 같다**
keot   kat-tta

活用語尾

〜するみたいです		〜するみたいだよ
ハムニダ体	ヘヨ体	パンマル
것 같습니다 keot kat-sseum-ni-da	것 같아요 keot ka-ta-yo	것 같아 keot ka-ta

※ちなみに、動詞の現在連体形や過去連体形『＋것 같다』と使う場合もあります。
「雨が降っていたようだ」「雨が降っているみたいだ」というときなどです。

비가 **올** **오는** **온** **것 같다**
(雨が) 未来（降る） 現在（降っている） 過去（降った） （みたいだ）

『ㄹ/을 것 같다』は、今後のことや、漠然と物事を推測するときに使います。強い主張ではなく、個人的な意見をやわらかく述べることができます。

今後のこと **일에 늦을 것 같습니다** (仕事に遅れそうです)

漠然と推測 **인기가 대단할 것 같아** (人気がすごいと思う)

慣用表現

「死にそうだ」というフレーズを用いて、とても大変な状況で辛いという心情を表現することができます。

너무 더워서 죽을 것 같아요
(暑すぎて耐えられません) ※直訳「とても暑くて死にそうです」

依存名詞【터】活用「～してみせる」

「～はず」「～つもり」という意味の【터】に指定詞をつけて「～してみせる」という意志を表す文を作ることができます。

用言語幹 **ㄹ/을 터이다** ※縮約して『테다』
teo-i-da となります。

目下の人や親しい間柄で用いる表現のため、『ㄹ/을 테다』もしくはパンマルの語尾を使います。

活用語尾

～してみせる／～するぞ	
터이다 縮約形	테다 パンマル
테다 te-da	테야 te-ya

되다(なる・できる) **될 때까지 할 테다** (できるまでやってみせる)

멋지다(素敵だ) **멋진 어른이 될 테야** (素敵な大人になるぞ)

状況を推測し、「〜するはずなのに」とその内容とは逆のことを述べるときや、「〜するはずなので」と状況について付け加えるときの文が作れます。

用言語幹 **ㄹ/을 텐데**
ten-de

※「터인데」の縮約形です。

「〜するはずですよ」という語尾にする場合は【요】をつけてください。

화가 났을 텐데
(怒っていたはずなのに)
화가 나다（腹が立つ）

모를 텐데
(知らないはずだよ)
모르다（知らない）

슬플 텐데
(悲しいだろうに)
슬프다（悲しい）

아플 텐데
(痛いはずなので)
아프다（痛い）

울고 싶을 텐데요
(泣きたいはずですよ)
울다（泣く）

최고일 텐데
(最高なのに)
최고（最高）

可能表現 ①

可能「～することができる」

未来連体形に依存名詞の『수（こと）』と存在詞をつけて、「～することができる」
という文が作れます。動詞の語幹につけて活用します。

動詞語幹 ㄹ/을 수 있다
su　　　it-tta

活用語尾

～することができます		～することができるよ
ハムニダ体	ヘヨ体	パンマル
수 있습니다 su it-sseum-ni-da	수 있어요 su i-sseo-yo	수 있어 su i-sseo

活用例

（行く）
가다

（行くことができます）
갈 수 있습니다

（食べる）
먹다 ▶ **可能表現** ▶ （食べることができます）
먹을 수 있어요

（見る）
보다

（見ることができる）
볼 수 있어

※訳は必ずしも「～することができる」
にしなくてもよく、「行けます」「食べら
れます」「見られます」でも構いません。

80

不可能表現②

不可能「〜することができない」

可能表現の存在詞を「ない」に入れ換えて活用します。不可能表現の場合は、動詞以外の用言の語幹にもつけることができます。

用言語幹 **ㄹ/을 수 없다**
　　　　　　　　　　su　eop-tta

活用語尾

〜することができません		〜することができないよ
ハムニダ体	ヘヨ体	パンマル
수 없습니다 su eop-sseum-ni-da	**수 없어요** su eop-sseo-yo	**수 없어** su eop-sseo

活用例

（信じる）
믿다

（信じられません）
믿을 수 없습니다

（ある）
있다 不可能表現▶

（ありえません）
있을 수 없어요

（犯人だ）
범인이다

（犯人ではないよ）
범인일 수 없어

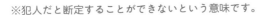

※犯人だと断定することができないという意味です。

> 可能表現、不可能表現ともに、『**수**』の後に助詞の「**는**(は)」「**가**(が)」「**도**(も)」を入れて、強調した文を作ることができます。「見ることもできない」などです。

可能表現②

知識があって「〜することができる」

未来連体形に依存名詞の『줄（こと・すべ）』をつけて、知識や方法を知っていて「〜することができる」という文が作れます。動詞の語幹につけて活用します。

（分かる・知る）

動詞語幹 **ㄹ/을 줄 알다**
chul　　al-da

活用語尾

〜することができます		〜することができるよ
ハムニダ体	ヘヨ体	パンマル
줄 압니다	**줄 알아요**	**줄 알아**
chul am-ni-da	chul a-ra-yo	chul a-ra

「私は英語が話せます」のように、主語の"できる能力"について表すことができます。例えば「만들 줄 알다（作ることができる）」の場合、方法を知っていて作る能力があるということです。

活用例

（運転する）
운전하다

（泳ぐ）
헤엄치다

→ 可能表現 →

（運転できます）
운전할 줄 압니다

（泳げます）
헤엄칠 줄 알아요

> **事実を表す表現**
> 用言を連体形（過去・現在・未来）にして『줄 알다』をつけると、ある事実について「〜することを知っている」「〜と思う」という文を作ることができます。

不可能表現③

知識がなくて「～することができない」

"可能表現②"の「分かる」を「分からない」という単語に入れ換えて活用します。
知識・技術・経験がなくて「～することができない」という文が作れます。

(分からない・知らない)

動詞語幹 ㄹ/을 줄 모르다
chul　　　　mo-reu-da

活用語尾

～することができません		～することができないよ
ハムニダ体	ヘヨ体	パンマル
줄 모릅니다	줄 몰라요	줄 몰라
chul mo-reum-ni-da	chul mol-la-yo	chul mol-la

活用例　**(組み立てる)**
조립하다　不可能表現▶　조립할 줄 몰라요
　　　　　　　　　　　　　　　　(組み立てられません)

【ㄹ 줄 알다/모르다】は、下記のような形で用いるときもあります。
使い方や意味は同じです。

ㄹ 줄을 알다　　ㄹ 줄로 알다
ㄹ 줄을 모르다
※「～するだろうと思う」という
訳になるときもあります。

『줄 알다』同様、用言を連体形にし、『줄 모르다』をつけると、ある事実について
「～することを知らない」「～すると思わない」という文が作れます。

유리가 범인인 줄 몰랐어 (ユリが犯人だと思わなかった)

意志・意向

状況を考慮「～するよ」

話し手が自身の行動を意志表示するときや、聞き手と約束するときに用いる語尾です。動詞と**있다**の語幹につきます。

| 母音語幹 ㄹ語幹 | **ㄹ게** l-kke | 子音語幹 | **을게** eul-kke |

発音は『**-게**』が濃音化するので注意してください。

タメロ表現なので、目下の人や親しい間柄でしか使用できません。丁寧に言いたいときは【**요**】をつけて「～しますね」という使い方もできます。

活用例

하다（する） 意志表示→ **할게**（するね）

먹다（食べる） **먹을게요**（食べますよ）

「私がやるからね」「先に食べますよ」というようなニュアンスで用います。
また、基本的には口語で用いる表現です。

먼저 갈게!
（先に行くね！）

내일 또 올게
（明日、また来るね）

そのときの状況などを考慮した上での
意志表示です。

話し手の意志・意向が優先「〜するよ」

『ㄹ/을게』と同じ訳で用いますが、こちらは聞き手の状況などは考慮せず、話し手自身の意志や意向を表すときに用います。動詞・있다につけます。

| 母音語幹 ㄹ語幹 | ㄹ래 l-lae | 子音語幹 | 을래 eul-lae |

一般的には目下の人や対等な関係の人に使いますが、そこまで親しくない間柄の場合は【요】をつけてください。

活用例

하다 （する）　→ 意向表明 →　할래 （やるわ）

먹다 （食べる）　→　먹을래요 （食べますから）

「(勝手に) やるわ」「(先に) 食べますから」というイメージとなります。聞き手の意見や、その場の状況に合わせるというときには使いません。

聞き手の意向を優先させる疑問文

【ㄹ/을래】は、疑問文にすると聞き手の意向を優先させる「〜する？」という文が作れます。

신혼 여행 어디로 갈래?
（新婚旅行、どこにする？）

나랑 사귈래?
（私と付き合う？）

저랑 같이 영화를 볼래요?
（私と一緒に映画を見ますか？）

推量の疑問文
（間接疑問文）

「～するだろうか？」「～かしら？」

話し手の推量を表す疑問文を作ることができます。独り言でも用いられる表現です。用言につきます。

| 母音語幹 ㄹ語幹 | **ㄹ까?** l-kka | 子音語幹 | **을까?** eul-kka |

끝나다
（終わる）　**일은 끝났을까?**（仕事は終わったかしら？）

만나다
（会う）　**내일도 만날 수 있을까?**（明日も会えるかな？）

알다
（知る）　**잘 아는 사람일까?**（よく知っている人だろうか？）

그러다
（そうする）　**왜 그럴까?**（なぜだろうか？）　※直訳は「なぜそうするのだろうか」。

「～しようか？」

【ㄹ/을까?】は、聞き手に意向を尋ねたり、提案することもできる表現です。動詞につけて活用します。

活用例

먹다（食べる）　→ 意向を問う　**먹을까?**（食べようか？）

사다（買う）　**살까?**（買おうか？）

使い分け ㄹ/을래? と ㄹ/을까?

85ページの『ㄹ/을래?』は、聞き手の意向に話し手が従うというときに用いますが、【ㄹ/을까?】は、質問・提案なので聞き手の返答に必ずしも従うというわけではありません。

> ニュアンスの違い
>
> このあと一杯
> ① **마실래?** (飲む？) 選択を委ねる
> ② **마실까?** (飲もうか？) 質問・提案
>
> ①の場合、聞き手の返答「Yes」か「No」の確認をしていますが、②はあくまでも「どうだろうか？」と話し手が提案しているだけです。
>
> どちらを使っても大きな違いはありません。「AかBどっちにする？」というときは『ㄹ/을래?』を用いるといいと思います。

丁寧語は【요】をつけて「～しましょうか？」という使い方ができます。

슬슬 출발할까요?
(そろそろ出発しましょうか？)

여름 휴가 때 뭐 할까?
(夏休み何をしようか？)

놀이공원이나 갈까?
(遊園地でも行こうか？)

「～しようかと思う」「～するつもりだ」

話し手の考えや推測を表し、これから「～しようかと思う」「～するつもりだ」という文を作ることができます。用言の語幹につけます。

用言語幹 ㄹ/을까 하다
ha-da

語尾は、状況に応じてハムニダ体やヘヨ体で使用します。

집에서 잘까 합니다 （家で寝ようかと思います）

전화할까 해요 （電話するつもりです）

이쪽이 좋을까 해 （こっちがいいかなと思う）

「～かと思う」 「～しそうだ」

話し手が行動の意志を述べたり、ある事柄の状況や事実について推測するときに用います。

用言語幹 ㄹ/을까 보다
bo-da

話し手の意志で用いる場合、『ㄹ/을까 하다』とほぼ同じ訳で「～しようかと思う」になりますが、【ㄹ/을까 보다】は、「まだ決まっていないが、そういう考えもある」というニュアンスになります。

내일부터는 아침을 먹을까 봐요
（明日からは朝ごはんを食べようかと思います）

【ㄹ/을까 보다】は、不確実な自分の意志や気持ちを表現することもできます。
また、ほぼ同じ意味で『ㄹ/을까 싶다』でも置き換えが可能です。

다치다
（ケガをする）

다쳤을까 봐
（ケガをしたんじゃないかと思ったの）

때려주다
（殴ってやる）

때려줄까 봐
（殴ってやろうかと思って）

좀 더 빨리 끝날까 싶어
（もうちょっと早く終わるかと思ったのに）

ためらいの表現「〜しようかやめようか」

『말다（やめる）』を用いて、話し手がためらっている気持ちを表現することが
できます。動詞の語幹につきます。

動詞語幹 # ㄹ/을까 말까
mal-kka

가방을 살까 말까
（カバンを買おうか買うまいか）

약을 먹을까 말까
（薬を飲もうかどうしようか）
※「薬を飲む」は『먹다（食べる）』を用います。

쿠키를 만들까 말까
（クッキーを作ろうかやめようか）

配慮と尊重

配慮・尊重「〜だね」「〜ですね」

話し手が聞き手に配慮して用いる表現です。用言の語幹につけます。

用言語幹 **네요**
ne-yo

※パンマルは【요】を外します。
パッチムの有無は関係ありません。

一般的には目下の人や対等な関係の人に使いますが、そこまで親しくない人にも用いることができます。相手を尊重し、気を配る表現方法です。

이거 맛있네요 (これ、美味しいですね)

오랜만이네. 그동안 잘 지냈어?
(久しぶりだね。元気だった？)

感嘆表現「〜だなぁ」「〜するね」

新しい事実を知ったときや、あらためて実感したときに感嘆する気持ちを表現したり、同意を求めるときに用いることもあります。

키가 엄청 크시네요
(身長がすごく高いのですね)

크다 (高い) ＋尊敬語

어머 어머, 더 예뻐졌네
(あらあら、いっそうきれいになったわね)

예뻐지다
(きれいになる)

정말 금방 하겠네? (本当にすぐできるね？)

感嘆表現

感嘆・独り言・皮肉「〜だなぁ」「〜だね」

新しい事実を知ったときに感嘆する気持ちを表現します。また、独り言でも用いられます。形容詞、指定詞、存在詞、時制補助語幹（았/었/겠）につきます。

待遇別活用

「구나／구먼」縮約形→『군』

↓

군＋요（丁寧な語尾）

↓

【군요】　※「구먼요」も略待上称に相当します。

丁寧 ↑	略待上称	**군요** kun-nyo
	等称	**구려** ku-ryeo
	下称	**구나** ku-na
ぞんざい	略待	**구먼** ku-meon

【군요】のみ、訳が「〜ですね」となり、堅い印象があります。使い方は、どの言葉づかいも同じです。語尾が丁寧かぞんざいかの違いです。

그런 생각이시군요　（そのようなお考えなんですね）

꽃이 예쁘구려　（花がきれいだね）

흠, 진짜 먹었구나　（ふーん、マジで食べたんだぁ）

그래서 같이 왔구먼?（だから、一緒に来たんだな？）

感嘆を表す以外に、確認したい気持ちを表したり、相手を皮肉る表現、過去形の語幹につけて疑問文として用いることもできます。

【군요】を使う際、尊敬語の語幹につけると、なお丁寧な表現になります。

現在進行形

進行中の動作「〜している」

ある動作が進行中のときに用いる表現です。動詞の語幹につきます。

【動詞語幹】 **고 있다**
ko　　it-tta

※パッチムの有無は関係ありません。

【고】は、前にくる語により有声音化や濃音化します。

活用語尾

〜しています		〜しているよ
ハムニダ体	ヘヨ体	パンマル
고 있습니다	고 있어요	고 있어
ko it-sseum-ni-da	ko i-sseo-yo	ko i-sseo

빵을 먹고 있습니다 （パンを食べています）

아직 자고 있어 （まだ寝ているよ）

また、動作完了後にその行為が進行中のときにも同様の語尾を用います。

우산을 쓰고 있습니다
（傘をさしています）　　쓰다（さす）

새로 산 구두 신고 있어요
（新しく買った靴を履いています）　　신다（履く）

過去進行形

過去に動作が進行「〜していた」

過去にある一定の時間、その動作が進行していたことを表すことができます。

動詞語幹 고 있었다
ko   i-sseot-tta

活用語尾

〜していました		〜していたよ
ハムニダ体	ヘヨ体	パンマル
고 있었습니다 ko i-sseot-sseum-ni-da	고 있었어요 ko i-sseo-sseo-yo	고 있었어 ko i-sseo-sseo

끼다
（かける）
오늘은 안경을 안 끼고 있었다
（今日は眼鏡をかけていなかった）

판매하다
（販売する）
책을 밖에서 판매하고 있었습니다
（本を外で販売していました）

単に過去の出来事を表すときは平叙文の過去形を用いてください。

（昨夜はドラマを見ていました） ✕
어젯밤에는 드라마를 보고 있었습니다

（見ました）○
봤습니다

「今、何してたの？」
↓
「ドラマを見ていたよ」はOK

現在完了形

行為完了後の状態維持「〜している」

ある行為を行い、その状態がずっと続いているときに用いる表現です。動詞の語幹につきます。

陽語幹 아 있다
a　　it-tta

陰語幹 어 있다
eo　　it-tta

現在進行形と現在完了形の大きな違いは、現在完了形は目的語を必要としていない文に用いるのに対して、現在進行形は目的語を必要としない・必要とするとき共に使用できることです。

分かりやすい例①　　　| 座っている |　　앉다(座る)

앉고 있다
※座ろうとしている

앉아 있다
※既に座っている

座ろうとする動作は数秒で完了してしまうため、「座る」という単語の場合は現在完了形となります。

ただし、「依然として座っている」とか「2人は距離をとって座っている」という文のときは、座るという行為が続いているため現在進行形を使うといいと思います。また、否定形で「座れていない」も、その行為の動作が完了せずに今もなお進行中のため、『못 앉고 있다』と現在進行形を用います。

現在進行形と現在完了形をマスターする

目的語なのかそうでないかを理解するには、動詞を分類するのが一番だと思います。現在完了形は『自動詞』のみ、現在進行形は『自動詞／他動詞』ともに使用できます。

分かりやすい例②

書いている

쓰다（書く）

「書く」
他動詞
쓰고 있다

※ノートに文字を書いています

「書かれる」
自動詞
써 있다

※壁に文字が書かれています

「書く」という単語の『쓰다』は他動詞ですが、現在完了形にした際、訳し方によっては「書かれている」という文にもなります。

単純に「動作・行為の継続→現在進行形」「状態の維持→現在完了形」と覚えるといいでしょう。

ちなみに、もとから自動詞にあたる『쓰이다（書かれる）』は、もちろん現在完了形で【쓰여 있다（書かれている）】となります。

벚꽃이 피어 있습니다
（桜が咲いています）

※花びらが開こうとしている動作を説明することは一般的にはないため現在完了形です。

출장으로 제주도에 가 있어요
（出張で済州島に行っています）

※向かっているのであれば現在進行形で「가고 있다」です。

過去完了形①

過去に状態が維持「〜していた」

過去にある行為を行い、一定の時間、その状態が続いていたことを表すことができます。動詞の語幹につきます。

陽語幹 # 아 있었다
a　　i-sseot-tta

陰語幹 # 어 있었다
eo　　i-sseot-tta

過去形との使い分けに注意です。過去に「〜していた」という事柄においては、ニュアンスによって語尾を変えなければいけません。

> **過去形との使い分け**
> この本、もう読んでいたわ
> ↓
> この本、もう読んだわ

読み終わっていることを表したい場合は、過去形「読んだ」の平叙文になります。
この場合の「〜していた」は、過去完了形でも過去進行形でもありません。

포켓에 열쇠가 들어 있었습니다
（ポケットに鍵が入っていました）　　들다（入る）

방문이 열려 있었어요
（ドアが開いていました）　　열리다（開く・開かれている）

過去完了形②

過去の状況が完了「～していた」

過去にあったある状況が、今現在は続いていないことを表します。

陽語幹 **앉았다**
a-sseot-tta

陰語幹 **있었다**
eo-sseot-tta

すべての用言につけることができます。「**아/어 있었다**」との違いは、『**ㅆ었다**』は現在は違う状態や状況になっているという点です。

分かりやすい例　　피다(咲く)

※既に咲いていた
꽃이 피어 있었다

※建物が建つ前はこの
場所にも咲いていた
꽃이 피었었다

過去形の「**ㅆ다**」の間に『**었**』を入れると覚えましょう。**하다**用言は「**했었다**」となります。

그 사람을 사랑했었습니다
(あの人を愛していました)　※今は愛していない

영어 공부를 했었습니다
(英語の勉強をしていました)　※今はしていない

「何しているの？」の注意点

韓国語の「今、何しているの？」や「昨日は何していたの？」という文は、現在進行形も過去完了形も用いません。

지금 뭐해?
（今、何しているの？）

어제는 뭐했어?
（昨日は何をしていたの？）

※**뭐하고 있어?** とは言いません。

「뭐（何）」+「하다（する）」の語尾を変えて活用します。丁寧に言いたい場合は【요】をつけます。

尊敬語の現在進行形・現在完了形

尊敬表現を用いて活用することもできます。存在詞「있다（いる）」の尊敬語は『계시다』です。

식사하고 계시는 분은 선생님입니다
（食事をしていらっしゃる方は先生です）

食事をしている：식사하고 있다→식사하고 계시다

아버지는 서울에 가 계십니다
（父はソウルに行っております）

行っている：가 있다→가 계시다

Chapter

会話が広がる文法

ここでは韓国ドラマなどでよく使われる文法をもとに、
「ここまで覚えるとより会話が広がる」ものを
ピックアップしました。
話している会話が分かったり、
普段使いの言葉を韓国語にできたりするので
ぜひ何度も見返しながら楽しんで覚えていきましょう。

「する」の種類

「する」の使い分け

語尾の「～する」は、数種類あります。前の語によって使う単語が異なるため、活用例と共に確認しましょう。

하다 ha-da **(する)**

> 名詞につけて動作や行為を表すときに用います。

이야기를 하다 （話をする）
공부를 하다 （勉強をする）
식사를 하다 （食事をする）
표정을 하다 （表情をする）

보다 po-da **(こうむる)**

※主に「見る」

> 利益や損害を受ける・こうむるというときに用います。

득을 보다 （得をする）
손해를 보다 （損をする）

먹다 meok-tta **(あたる)**

※主に「食べる」

> 暑さにあたるという意味で用います。

더위를 먹다 （夏バテする）

치다
chi-da

（打つ）

{ 打つ競技を行うときに用います。

테니스를 치다 （テニスをする）
탁구를 치다 （卓球をする）
골프를 치다 （ゴルフをする）
당구를 치다 （ビリヤードをする）

나다
na-da

（出る）

{ 「出ている」「放っている」という状態のとき
に用います。

냄새가 나다 （匂いがする）
향기가 나다 （香りがする）
맛이 나다 （味がする）
소리가 나다 （音がする）

대다
tae-da

{ ある動作をし続けているとき
に用います。 }

거리다
keo-ri-da

（激しく〜する）
　※不快な様子

두리번대다
（きょろきょろする）
『두리번두리번：きょろきょろ』

（しきりに〜する）
擬音語・擬態語につきます。

두근거리다
（ドキドキする）
『두근두근：ドキドキ』

状態の変化

形容詞を動詞に変化させる「〜なる」

形容詞の語幹について、ある状態やある現象になっていくことを表現します。

陽語幹 아지다
a-ji-da

陰語幹 어지다
eo-ji-da

語幹の母音を陽・陰で分け、**아/어**と【지다】をつけます。「きれい」→「きれいに なる」や「暗い」→「暗くなる」という語尾に変化させることができます。

活用語尾

〜なります		〜なるよ
ハムニダ体	ヘヨ体	パンマル
(아 / 어) 집니다 -jim-ni-da	(아 / 어) 져요 -jyeo-yo	(아/어) 져 -jyeo

活用例

크다 (大きい)　　　　커집니다 (大きくなります)

작다 (小さい) **〜なる➡** 작아져요 (小さくなります)

많다 (多い)　　　　많아져 (多くなるよ)

【지다】は、名詞を用いての活用もできます。「**얼룩이 졌다**（シミになった）」や 「**노을이 지다**（夕焼けになる）」という文が作れます。

受動態

動詞の受け身「～られる」

【아/어지다】を動詞の語幹につけて、語尾を受動態の「～られる」に変えることができます。受け身とは他からの動作を受けるということです。

活用例

만들다 (作る)　　　만들어집니다 (作られます)

버리다 (捨てる) ～られる➡ 버려졌어요 (捨てられました)

보내다 (送る)　　　보내져 있다 (送られている)

活用例のように、過去形などいろいろな語尾を用いることができます。

韓国語の受動態は、「動詞＋아/어지다」「名詞＋되다」「被動詞」の3パターンあります。

【아/어지다】は自発の用法でも活用することができます。自発とは、自然とその動作が起きることを言います。

느끼다
(感じる)　통증도 느껴집니다 (痛みも感じられます)

기다리다
(待つ)　완성이 기다려지네요 (完成が待たれますね)

> **意味がいっぱい**
> 【지다】は、「散る」「負ける」「暮れる」「背負う」など、いろいろな意味を持つ単語でもあります。訳すときは注意しましょう。

さまざまな表現 되다

活用も表現もさまざま

【되다】は、さまざまな表現で活用できる単語で、1単語として用いたり、名詞の後につけて用いるときもあります。活用により訳も変わります。

되다
twe-da

- 1. 希望・変化・数量『〜なる』
- 2. 可能・不可能『〜できる / 〜できない』
- 3. 許可・禁止『〜してもいい / 〜してはいけない』
- 4. 十分・不十分『構わない』『もういい』
- 5. 構成『〜からなる』
- 6. 出来・不出来『うまくいく / うまくいかない』
- 7. 受動態『〜される』
- 8. 完成・未完成『できている / できていない』

되다 活用語尾

平叙文（現在・過去）の活用語尾は、下記の形となります。

	ハムニダ体	ヘヨ体	ハンダ体	パンマル
現在形	**됩니다** twem-ni-da	**돼요** twae-yo	**된다** twen-da	**돼** twae

過去形は『**되었다**』という形でも可。【**됐**】は、"되었"を縮約した形です。

	ハムニダ体	ヘヨ体	ハンダ体	パンマル
過去形	**됐습니다** twaet-sseum-ni-da	**됐어요** twae-sseo-yo	**됐다** twaet-tta	**됐어** twae-sseo

※過去形のハンダ体は、原形と同じ形になります。

– 되다の活用① –
変化と結果

希望と状況変化の結果「〜になる」

名詞につけて話し手の希望の「〜になる」や、変化した状況を「〜するようになる」
と表現することができます。

母音体言 **가 되다**　**子音体言** **이 되다**
ga　　twe-da　　　　　　i　　twe-da

名詞（体言）のパッチムの有無で助詞を変えます。助詞の『이/가』は、日本語の「〜
が」にあたりますが、この表現での助詞の訳は「〜に」となります。

올해 대학생이 됩니다 （今年、大学生になります）

걱정이 많이 됐어요 （とても心配になりました）
※副詞の「많이」は、動詞の前に置く方が自然です。

빨리 어른이 되고 싶습니다
（早く大人になりたいです）

ある数量や数に至るという意味で、「5歳になります」や「3年になりました」とい
う文でも使うことができます。

動詞 ＋【게 되다】

動詞の語幹に「–게 되다」をつけると状況の変化「行けなくなった」や、動機やきっ
かけの質問「どうして韓国語の勉強するようになったの？」というような文を作
ることができます。

왜 한국어를 공부하게 됐어요?
（なんで韓国語を勉強するようになったのですか？）

- 되다の活用② -
活用による訳の変化

可能・不可能「できる・できない」

聞き手に、対応できるかどうか確認するときに用いることができます。「できない」を表現するときは、否定形の副詞『안』を用いてください。

치킨 배달 되나요? （チキンの配達できますか？）

죄송합니다, 배달은 안 됩니다
（申し訳ありません、配達はできません）

許可・禁止「いいよ・ダメだよ」

相手に対し、許可するか・しないかを伝えるときに用います。可能・不可能表現と同じで、否定形には『안』を用います。

찍다
（撮る） ## 사진 찍어도 돼요? （写真撮ってもいいですか？）
안 돼요! （ダメですよ！）

이거 먹어도 돼요? （これ、食べてもいいですか？）
먹어도 돼 （食べてもいいよ）

여기서 자도 될까요? （ここで寝てもいいでしょうか？）

十分・不十分「構わないです」「もういいよ」

相手に対し、もう十分だという意味で「結構です」というときや、不十分か確認するときの「もういいですか？」という表現になります。また、諦め口調の拒否の場合はキツイ印象を持つフレーズとなり、このときは過去形を用います。

됐어!
（もういい！）

構成「〜からなる」

名詞につけて、何で構成されているのか説明することができます。

으로/로 되다
(eu-)ro　　　twe-da

※名詞がパッチムで終わる語であれば『으로』になります。

일본인이랑 한국인으로 된 그룹이야
（日本人と韓国人からなるグループだよ）

出来・不出来「うまくいく・うまくいかない」

物事がうまくいく、思い通りに事が運ぶときに用います。副詞の「よく」「うまく」という意味の『잘』を用います。

잘 되다
chal　　dwe-da

うまくいかないというときは『잘 되지 않다』『잘 안 되다』と否定形の文にします。

잘 됐어? 설마 잘 안 됐어?
（うまくいった？　もしかしてうまくいかなかったの？）

－ 되다の活用③ －
自動詞と受動態

自動詞・受動態に変化

「～する（하다）」という単語にできる名詞に【되다】をつけて、自動詞や、受動態の「～される」という表現に変えることができます。

名詞 **하다** 自動・受動➡ 名詞 **되다**
twe-da

前にくる語によっては、有声音化して[dwe-da]という発音になります。

自動詞の例

계속하다 自動詞➡ **계속되다**
（続ける） （続く）

「**계속**（継続）」という名詞は、他動詞の場合「続ける」になり、自動詞にすると「続く」になります。文によってはどちらも「継続する」と訳せます。

受動態の例

안내하다 （案内する） 受動態➡ **안내되다** （案内される）
허가하다 （許可する） **허가되다** （許可される）

過去形や否定形、現在進行形など、「**하다**」と同じように使用することができます。

세계에서 처음으로 확인됐습니다
（世界で初めて確認されました）

확인（確認）

受動態の使い分け

「名詞＋する」という単語を受動態にする方法は他にもあります。

받다
pat-tta

「受ける」という意味の単語で、名詞の持つ意味を受け入れるときに用います。

당하다
tang-ha-da

「こうむる」「被害を受ける」という意味で、事故やひどい目に遭ったときに用います。

3パターン　活用例

【 되다 】	【 받다 】	【 당하다 】
사용되다 （使用される）	소개받다 （紹介される）	고소당하다 （告訴される）
의심되다 （疑われる）	의심받다 （疑われる）	무시당하다 （無視される）
인정되다 （認められる）	침략받다 （侵略される）	침략당하다 （侵略される）
피살되다 （殺される）	허가받다 （許可される）	해고당하다 （解雇される）
이동되다 （移動される）	보호받다 （保護される）	감시당하다 （監視される）

「疑われる」は『**되다** or **받다**』、「侵略される」は『**받다** or **당하다**』同様に使えます。また "**강요**（強要）" という単語は、3パターンとも使用可能です。

"**피살**" という単語は「殺されること（殺人）」という意味です。元から受け身の単語の場合は、**하다**（〜する）は使えません。

完成・未完成

完成・未完成を表す「できている・できていない」

あるものや事柄が完成・完了したときに用いる「できた」という言葉も【되다】で表現することができます。

(完成)

다 됐다
ta　dwet-tta

(未完成)

다 되지 않다
ta　dwe-ji　an-ta

"다"は「すべて」「みんな」という意味です。未完成の場合は『안 되다』を使用しても構いません。

다 됐어요?
（できましたか？）

아직 다 되지 않아
（まだできてないよ）

왜 안 된 거야?
（なんでできてないの？）

状況によっては、"다"はなくても完成・未完成の表現として使えます。

イメージは「すべて終わっている」なので、【되다】以外でも下記のように「できた」を表現することができます。

다 했다
（すべてした）

끝났다
（すべて終わった）

끝나다（終わる）

완성했다
（完成した）

완성하다（完成する）

110

その他の**되다**活用「〜に至る・〜に及ぶ」

『**다 됐다**』は完成の表現で用いますが、状況によって "予定の〜に至る" という表現でも活用します。

곧 영화 시간이 다 됐어
(もうすぐ映画の時間だよ)

응, 알아
(うん、知ってる)

『**이/가 되다**（〜になる）』に「すべて」という意味の "**다**" を入れて用います。

ある一定の関係に「あたる」

『**이/가 되다**』は文によって表現が異なり、「私の〜にあたる方です」という意味でも用いることができます。

제 할머니 되시는 분입니다
(私の祖母にあたる方です)
※尊敬語の「-시」を用いています。助詞がなくても使用できます。

먼 친척이 되는 사람이에요
(遠い親戚にあたる人です)

【되다】は、連結語尾を用いるとまだまだいろいろな表現方法があります。基本的には「〜なる」「〜される」「〜できる」という語尾になると覚えておきましょう。

疑問表現

用言の疑問文「～するのか？」

平叙文を疑問文にする以外に、用言を疑問文にする作り方があります。

存在詞　動詞
※時制補助語幹含む

는가
neun-ga

形容詞
子音語幹

은가
eun-ga

指定詞　形容詞
母音語幹・ㄹ語幹

ㄴ가
n-ga

一般的には目下の人や対等な関係の人に質問するときに用います。聞き手に配慮して用いる語尾のため尊敬語を使用することもできます。丁寧な語尾にするときは【요】をつけてください。

活用例

누구인가?
（誰だい？）

가시는가요?
（行かれるんですか？）

싫은가?
（嫌なのか？）

있는가?
（あるのか？／いるのか？）

類義表現

動詞、存在詞、時制補助語幹（았/었/겠）に【나】をつけると、「(는・은・ㄴ)가」と同じような疑問文が作れます。独り言としても使えます。

도대체 어디로 가나?
（一体どこに行くのか？）

언제 오셨나요?
（いつ来られたんですか？）

親しい間柄で用いる「〜かい？」「〜なの？」

目下の人や友人に「〜なの？」と疑問を表すことができます。独り言でも使用できます。用言、時制補助語幹につきます。

 用言語幹 **니**
ni

> 形容詞の子音語幹（ㄹパッチム除く）には【으니】がつくこともあります。

類義表現

「니」に似た語尾で【-냐】があります。質問や引用にも使え、口調によっては威圧的に使うことも可能です。

存在詞 動詞	形容詞	指定詞 形容詞
※時制補助語幹含む	子音語幹	母音語幹・ㄹ語幹
느냐	**으냐**	**냐**
neu-nya	eu-nya	nya

上記のように用言の語幹につけるのですが、話し言葉では動詞・形容詞・存在詞につける場合【냐】のみ用いられることもあります。

어디 가니?
（どこに行くの？）

아니냐?
（違うのか？）

싫으냐?
（嫌なの？）
※話し言葉では『싫냐』でもOK

아무도 없느냐?
（誰もいないの？）
※話し言葉では『없냐?』でもOK

韓国語の疑問文の語尾は複数あります。状況に応じて使い分けましょう。

対象の羅列

2つ以上の対象を羅列する

2つ以上の対象や出来事を羅列するときに用います。用言の語幹につけます。

用言語幹 **기도 하다**
ki-do   ha-da

※【기】は、語幹の文字により
発音が変化します。

動詞や形容詞に用いる際は「〜したりする」「〜することもある」という文となります。

울기도 하고 웃기도 하고 있다
（泣いたり、笑ったりしている）

쿠키를 만들기도 하고 먹기도 한다
（クッキーを作ることもでき、食べることもできる）

같기도 하고 아니 같기도 하고…
（同じような気もするし、違うような気もするし……）

名詞の羅列

名詞の場合は『이기도 하다』をつけ、「〜でもある」という文となります。2つ以上の対象を並べ、1つを述べる場合に用いたり、はっきりと明言しない場合に用います。

의사이기도 하고 작가이기도 합니다
（医者でもあり、作家でもあります）

형의 목표이기도 했어요
（兄さんの目標でもありました）

つなぐ連結語尾①

動作をつなぐ「～して」「～で」

動詞や形容詞の語幹について、行為や状態の動作をつなげて文を作ることができます。

陽語幹 **아**
a

陰語幹 **어**
eo

하다用言は、「**하**＋**여**」の縮約「**해**」となります。文語の場合は「**하여**」でも構いません。いわゆる、連用形にして文をつなげるということです。また、命令文や勧誘文を後ろにつなげることはできません。

活用例

앉다 ＋ 먹다
（座る）　（食べる）

섞다 ＋ 마시다
（混ぜる）　（飲む）

つなぐ ➡

앉아 먹어
（座って食べて）

섞어 마셨어요
（混ぜて飲みました）

行為の順序に沿ってつないだり、ある行為や状態が理由であることを表現する文で用います。

예쁘다
（きれいだ）　예뻐 감동한다 （きれいで感動する）

급하다
（急ぐ）　급해 넘어졌다 （急いでいて転んだ）

用言すべてをつなぐ「～して」「～なので」

「語幹＋아/어」とほぼ同様の使い方ができ、用言すべてに使うことができる連結語尾があります。

| 陽語幹 | 아서 | 陰語幹 | 어서 |
| a-seo | | eo-seo |

用言を連用形（아/어形）にして【서】をつけるだけです。

구두가 작아서 못 신어요 （靴が小さくて履けません）

당근을 썰어서 볶습니다 （にんじんを切って炒めます）

재미있어서 웃었다 （面白くて笑った）

115ページと同じで、2つのフレーズを順序通りにつなげるときや、原因や理由を表す文のときに用います。

上の例文のように「小さいので履けない」「切ったので炒める」「面白いから笑った」というように、「～ので」や「～だから」という理由を表すときの連結語尾です。

助詞活用の『서』

『서』は、人数を表す数詞につけることができます。その際は助詞として使用します。

혼자서 （1人で）　　　셋이서 （3人で）

「1人」以外は、固有数詞＋指定詞の語幹につきます。
「～名で」というときは、固有数詞＋명이서となります。　　※명 (名)

「みんなで」は『다 같이』と言います。

動作の進行

動作と状態の進行「〜していく」

「走っていく」や「見ていこう」というような、ある行為の進行や、状態の変化を表すことができます。

動詞・形容詞　語幹 # 아/어 가다

ga-da

動詞・形容詞の連用形につけます。

動詞の場合は「〜していく」となりますが、形容詞では「〜なっていく」というような状態の変化を表します。

活用例

動詞	걷다 (歩く)	→ 〜していく	걸어 가다 (歩いていく)
形容詞	굵다 (太い)		굵어 가다 (太くなっていく)

잠깐 쉬어 갈래?
（ちょっと休んでいく？）

천천히 걸어 가자
（ゆっくり歩いていこう）

가을이 깊어 가네
（秋が深まってきたね）

아뇨,
뛰어 가고 싶어요
（ううん、走っていきたいです）

相手のためにする行為

相手のために「〜してあげる」「〜してくれる」

「주다（与える）」という単語を使って「〜してあげるよ」「〜してください」という文を作ることができます。

動詞・있다　語幹　# 아/어 주다
ju-da

活用語尾

※連用形につけた場合の活用例です。

してくれた	してください	してあげます	してくださる
줬다	**주세요**	**줄래요**	**주시다**
jwot-tta	ju-se-yo	jul-lae-yo	ju-si-da

命令形との使い分け「〜してください」

하세요：命令→ニュアンス「〜しなさい」

해 주세요：依頼→ニュアンス「〜してくれますか」

※自身にメリットがあるときに用います。

도와주세요 （助けてください）

손 좀 빌려줄래요?
（手をちょっと貸してくれますか？）

나중에 사 줄게 （後で奢るよ）
※直訳は「後で買ってあげるよ」

믿어주셔서 감사해요
（信じてくれてありがとうございます）

謙譲語「〜して差し上げる」

「**주다**」の謙譲語『**드리다**』は目上の方に用いられる語尾で、ホテルやレストランでお客様によく使われます。「差し上げます」「申し上げます」という訳になりますが、日本語ほど堅苦しい印象はありません。

「**주다**」同様に、動詞・**있다**の連用形につけて使用します。

주다　丁寧な表現➡ 드리다
deu-ri-da

活用語尾

※連用形につけた場合の活用例です。

して差し上げた	して差し上げますよ	して差し上げましょうか？
드렸다 deu-ryeot-tta	드릴래요 deu-ril-lae-yo	드릴까요? deu-ril-kka-yo

訳すときは、「〜します」「〜致します」でも構いません。全体の文に合わせてご活用ください。

제가 뭘 도와드릴까요?
(私が何かお手伝いしましょうか？)

안내해 드리겠습니다
(ご案内して差し上げます)

가방을 들어 드릴게요
(カバンをお持ちしますよ)

状態の維持

ある行為の状態を維持「〜しておく」

行った行為の状態に「〜しておく」、後のことを考えて先に「〜しておく」というような文を作るときに用います。他動詞の語幹につけます。

他動詞語幹 아/어 두다
du-da

韓国語には、もう 1 つ「置く」という単語が存在します。

놓다 「放す」という意味があり、手から放す→一時的に"置く"

두다 保管、片づけるというニュアンス→一定の期間"置く"

じゃあ
「置いておく」は？ → **(置いておく)** 놓아두다 手を"放して置く"ということですね！

「-아/어 놓다」に置き換えて活用することもできますが、状態の維持「〜任せておく」というような文の場合は「-아/어 두다」しか用いません。

活用例

사다 (買う) **사 두다** (買っておく)

맡기다 (任せる) **〜しておく** **맡겨 뒀다** (任せておいた)

걸다 (掛ける) **걸어 놓을게** (掛けておくよ)

準備行動

先に準備して保つ「～しておく」

先のことを考えて起こす行動「先に宿題をしておく」「明日の準備をしておいた」というような文を作ることができます。他動詞の語幹につけます。

他動詞語幹 아/어 놓다
no-ta

「-아/어 두다」に置き換えることができます。ただし、机の上に"上げて置く"は「-아/어 놓다」しか使えません。分かち書きせず「올려놓다」となります。

また「놓다」を活用する際、縮約「놓아요→놔요」「놓았어요→놨어요」することもできる。

옷을 개어 놓읍시다 ※개어 둡시다 可
（服を畳んでおきましょう）

미리 선물을 사 뒀어 ※사 놨어 可
（あらかじめプレゼントを買っておいた）

책상 위에 가방을 올려놓자
（机の上に鞄を上げておこう）

고양이의 먹이를 놓아둬?
（キャットフードを置いておく？）

121

行為を試す

ある行為を試みる「〜してみる」

ある行為を試みたり、経験したことを表現するときに用いる語尾です。

動詞・있다 語幹 # 아/어 보다
bo-da

하다 活用語尾

してみた	してみてよ	してみよう	してみたい
해 봤다	**해 봐**	**해 보자**	**해 보고 싶다**
hae bwat-tta	hae bwa	hae bo-ja	hae bo-go sip-tta

活用例 **만나다** (会う) **〜してみる→** **만나 보다** (会ってみる)

봐 봐
(見てみて)

그치? 가 보고 싶지?
（でしょ？ 行ってみたいよね？）

뭔가 주문해 보자
（何か注文してみよう）

가만히 좀 있어봐
（ちょっとじっとしてて）

※「가만히 있다（じっとしている）」は、慣用句です。

承諾・許容

ある行為に対して承諾・許容「〜してもいい」

「〜してもいい」と承諾を得るときや、「〜でもいい」と許容するときに用いる
語尾となります。

用言語幹 아/어 + 도 되다
do　　dwe-da

指定詞も使用できるので「公園でもいい」というような文も作れます。
また、【되다】を他の単語に置き換えて用いることもできます。

置き換え

（〜してもいい）
–도 좋다
do　cho-ta

（〜しても構わない）
–도 상관없다
do　sang-gwa-neop-tta

（〜しても大丈夫）
–도 괜찮다
do　kwaen-chan-ta

（〜しても関係ない）
–도 관계없다
do　gwan-gye-eop-tta

※『좋다』『괜찮다』は比較的、有声音化せずに発音することが多いです。

찍다
（撮る）
사진을 찍어도 돼요?
（写真を撮ってもいいですか？）

서두르다
（急ぐ）
서둘러 오지 않아도 돼
（急いで来なくてもいいからね）

바다가 아니어도 좋다
（海じゃなくてもいい）

意図的な行動の結果

意図的に行う行動を表す「～してしまう」

話し手の意図的な行為や言動を表します。怒りで「ドアをバタン！と閉めてしまった」や「全部食べてしまって」というような、ある行為を終わらせてほしいときに用います。

動詞語幹 아/어 버리다
beo-ri-da

「–아/어 버리다」は分かち書きをしますが、「잊어버리다 (忘れてしまう)」「잃어버리다 (失くしてしまう)」は、くっつけても構いません。

이제 그만 잊어버려
(もう、忘れてしまいな)

이거 네가 다 먹어 버려라
(これ、あんたが全部食べてしまって)

화가 나서 문을 힘껏 닫아 버렸다
(腹が立ってドアを力いっぱい閉めてしまった)

意図はなく、悲しい残念な気持ちを表すときも用います。

버스가 떠나 버렸다
(バスが行ってしまった)

새 휴대폰을 잃어버려서 슬퍼요
(新しい携帯電話を失くしてしまって悲しいです)

つなぐ連結語尾②

２つ以上の語をつなぐ「～して」「～で」

用言の語幹につき、動作や性質などの状態や事実を２つ以上並べるときに用います。「北海道は寒くて沖縄は暑い」というような文が作れます。

用言語幹 **고**
ko

※語幹の文字により
発音が変化します。

連結語尾『아서/어서（～して）』と同じ訳で用いますが、活用方法が違うので注意が必要です。

아서 / 어서 [並列]	고 [羅列]
２つのフレーズを順序通りにつなげる	２つ以上のフレーズを順番に関係なくつなげる
前節の行為や状態が理由であることを表し、後節まで続いている	前節の行為や状態を維持して、別の行為や状態を後節で表す
「肉を焼いて食べた」	「肉を焼いて野菜も焼いた」

김치찌개를 먹고 술을 마셔서 즐거웠어
（キムチチゲを食べてお酒を飲んで楽しかったよ）

예쁘고 귀엽고 멋진 사람입니다
（きれいで可愛くて素敵な人です）

이것은 커피고, 그것은 홍차고, 저것은 주스야
（これはコーヒーで、それは紅茶で、あれはジュースだよ）

125

動作の結果と目的

意図しない結果・目的を果たす意志「〜してしまう」

話し手が意図していないところで起こった状態において「〜してしまった」というときや、強い意志を持ち「〜してみせる」と目標を表す文を作ることができます。

動詞語幹 **고 말다**
ko   mal-da

※【고】は、語幹の文字により発音が変化します。

쏟다
（こぼす）
주스를 쏟고 말았어요
（ジュースをこぼしてしまいました）

깨뜨리다
（割る）
그만 컵을 깨뜨리고 말았다
（うっかりコップを割ってしまった）

"こんなはずじゃなかったのに…" "こうならないように気を付けていたのに……"というニュアンスを含みます。

使い分け

넘어지고 말았다 (転んでしまった)

"凍った道だから滑らないように" "高いヒールだから気を付けていたのに" 「……なのに、転んでしまった」というときに用います。ただ、単に何もないところで「転んでしまった」ときは、「-고 말다」は使用せず**넘어졌다**となります。

話し手が目標を立て、「達成する！」と強い意志を表現するときは、主語は話し手自身となります。「彼は成し遂げます」というような文は作れません。

이기다
（勝つ）
올해는 반드시 이기고 말겠습니다
（今年は必ず勝ってみせます）

動作の繰り返し

状況・行為を繰り返す「〜したりする」

繰り返し行っている行為について「よく〜したりします」という文を作ることができます。

動詞語幹 **곤 하다**
kon　ha-da

※【곤】は、語幹の文字により発音が変化します。
パッチムの有無は関係ありません。

「고는 하다」の縮約形です。「고는」は「〜しては」という同じ動作を繰り返す表現の連結語尾です。「〜しては〜する」で「〜したりする」という意味となります。

活用例

가다 (行く)　　　　　　　　　가곤 하다 (行ったりする)

읽다 (読む)　〜したりする→　읽곤 하다 (読んだりする)

요리하다　　　　　　　　　　요리하곤 하다
(料理する)　　　　　　　　　(料理したりする)

이런 거에 심쿵하곤 해요　　심쿵
(こういうことに胸キュンしたりします)　(心臓どきどき)

학생 때는 가곤 했어요 (学生の頃はよく行きました)
※直訳は「〜行ったりしました」

過去形の「했다」で活用した場合、回想した文になります。

114ページの「기도 하다 (〜したりする)」は、対象を2つ以上並べて活用するときに用い、『곤 하다』は、1つの行為を頻繁に行うというときに用います。

たられば語尾

仮定や条件の表現「～すれば」「～ならば」

仮定して話したり、ある条件を出すときに用いる連結語尾です。すべての用言、時制補助語幹（았/었/겠）につけて活用できます。

| 母音語幹 ㄹ語幹 | 면 myeon | 子音語幹 | 으면 eu-myeon |

活用例

가다 （行く）		가면 （行けば）
깊다 （深い）		깊으면 （深いなら）
없다 （いない）	たられば ➡	없으면 （いないなら）
아니다 （ではない・違う）		아니면 （違うなら・それとも）

プラス活用

『-면서』→「～しながら」「～しつつ」「～するのに」
『-면서도』→「～しながらも」「～しているのに」
という連結語尾になります。

눈이 오면 다시 만나러 와
（雪が降ったら、また会いに来て）

휴대폰을 만지면서 이야기를 듣고 있어
（携帯電話を触りながら話を聞いているよ）

基準や程度を表す「～すればいい」

仮定や条件を表す連結語尾『면』に "되다" をつけると、とりあえずある基準さえ満たしていればいいという表現が作れます。

用言語幹 (으)면 되다
dwe-da

글자를 읽을 수 있으면 됩니다
（字を読むことができれば構いません）

내일까지 준비하면 돼
（明日までに準備すればいいんだよ）

> **似ている表現**
>
> 123ページの用言を連用形にして『도 되다』をつける語尾は「～してもいい」という許容表現になるので注意しましょう。

副詞の『안』を用いて、「～してはいけない」「～でなければならない」という禁止や制限の表現も作れます。

用言語幹 (으)면 안 되다
an   dwe-da

그런 말 하시면 안 돼요
（そんなことを言ってはいけませんよ）

너 아니면 안 돼
（君じゃなきゃダメなんだ）

韓国語の話法

他人の言葉を伝える話法

話法には「直接話法」と「間接話法」があります。
「直接話法」は他人の言葉をそっくりそのまま伝える引用の表現で、「間接話法」は他人の言葉を自分の言葉に言い直して伝える表現です。

> 直接話法：先生が「ここは重要です」と言っていました。
> 間接話法：先生がここは重要だと言っていました。

「　」をつけて引用するのが直接話法で、「　」がないものが間接話法です。
まずは、直接話法を極めましょう！

直接話法 「　　　」라고 ra-go

直接話法は、他人が言った言葉の後につけます。他人が言った言葉が平叙文でも疑問文でも【라고】がつきます。

그가 "내일 비가 올 거야"라고 했습니다
（彼が「明日は雨だよ」と言っていました）

그가 "몇 살이니?"라고 물어 왔습니다
（彼が「何歳か？」と聞いてきました）

그가 "아르바이트를 도와라!"라고 말했습니다
（彼が「バイトを手伝え！」と言いました）

그가 "파티에 가자"라고 해 왔습니다
（彼が「パーティーに行こう」と言ってきました）

※「〜言いました」という表現は、『했습니다』でも通じます。

間接話法

間接話法は「平叙文」「疑問文」「命令文」「勧誘文」で活用語尾が異なります。
各用言の語幹につけます。

①平叙文

子音語幹

動詞 +는다고
neun-da-go

母音語幹・ㄹ語幹

+ㄴ다고
n-da-go

形容詞 +다고
ta-go

{
形容詞は**있다・없다**を含みます。
時制補助語幹（았/었/겠）にもつきます。
語幹の文字により発音が変化します。
}

온다고 전해 줘
（来るって伝えてね）

안 좋다고 하네요
（良くないそうです）

재미있다고 들었어
（面白いって聞いたよ）

먹는다고 해요
（食べるそうです）

※人から聞いた話や自身の意見を
言うときにも用います。

間接話法の平叙文は、指定詞でも活用できます。

指定詞 **+라고**
ra-go

パッチムのない体言には、直接『라고』がつきます。

未来連体形を用いた活用語尾で、未来の予測や推量を表す「～するだろうって」や「～するつもりと言っていた」という間接話法も作れます。

+ㄹ/을 거라고 ◀縮約 ㄹ/을 것이라고
keo-ra-go

※「ㄹ/을 것이다」の語幹に『라고』がついた形です。

저는
민준이라고 합니다
（私はミンジュンと申します）

※自己紹介でも用いられる表現方法です。

범인은
너라고 들었어
（犯人はお前だと聞いたよ）

의사가 아니라고 해요
（医者ではないそうです）

내일은
쉴 거라고 말했어
（明日は休むつもりと言ってたよ）

②疑問文

間接話法の疑問文です。「〜なのかと言っていた」という文が作れます。

用言語幹 ＋ 냐고
nya-go

書き言葉では、動詞・存在詞は（느냐고）、パッチムありの形容詞は（으냐고）となります。

活用例

먹었냐고〜
（食べたのかと）

만드냐고〜
（作るのかって）

즐겁냐고〜
（楽しいのかと）

좋냐고〜
（良いのかって）

예쁘냐고〜
（きれいなのかと）

학생이냐고〜
（学生なのかって）

未来の予測や推量の疑問文は【用言語幹＋겠냐고】【動詞語幹＋（으）ㄹ 거냐고】となります。

그리고 지금부터 잘 거냐고 했어요
（そして、今から寝るのかって言っていました）

엄마가 여행을 안 가고 싶겠냐고 물어봤어
（お母さんが旅行に行きたくないのかと尋ねた）

③命令文

間接話法の命令文は「～しろと言っていた」「～しなさいと言いました」という文となります。動詞と**있다**の語幹につけて活用します。

| 母音語幹 | **라고** |
| ㄹ語幹 | ra-go |

| 子音語幹 | **으라고** |
| | eu-ra-go |

命令以外に、第三者が言った要望を伝えるときにも用いることができます。

빨리 제출하라고 했습니다
(早く提出しなさいと言っていました)

역에서 기다리라고 했어
(駅で待ってろと言っていたよ)

④勧誘文

間接話法の勧誘文は「～しようと言ってたよ」という文となります。

| 動詞語幹 | **자고** |
| | cha-go |

※パッチムの有無は関係ありません。
【자】は、語幹の文字により発音が変化します。

식사하러 가자고 약속을 했습니다
(食事に行こうと約束をしました)

만나자고 했는데 바람맞았다
(会おうって言ったのにすっぽかされた)

> **ポイント**
>
> 直接話法・間接話法はすべて『ー고』を省略することが可能です。

強調した終結語尾

語末「－고」の活用

連結語尾ではなく終結語尾で「－고」と用いる場合、相手に「～だってば！」と強調して伝えることができます。

① 「～なんだってば！」

動詞	形容詞	指定詞
ㄴ / 는다고	다고	라고

② 「～するのかってば！」

用言
냐고

③ 「～しろってば！」

動詞
(으) 라고

④ 「～しようってば！」

動詞
자고

너무 귀엽다고! (すっごく可愛いんだって！)

식사하러 갔냐고! (食事に行ったのかってば！)

빨리 말하라고! (早く言えって！)

내일 데이트 하자고! (明日デートしようってば！)

また、語尾をしり上がりに発音すると聞き返すような文になります。
一般的には親しい間柄で用いますが、【요】をつけると丁寧な表現になります。

너무 비싸다고요? (すごく高いんですって？)

確認 と 指摘

ある事柄の確認や指摘「〜じゃない」

話し手が聞き手に「〜じゃないですか」「〜じゃない？」というような確認する語尾が作れます。用言、過去時制補助語幹（았/었）につきます。

用言語幹 **잖다**
chan-ta

※語幹の文字により発音が
変化します。

否定形の"지 않다"の縮約形ですが、【잖다】は否定文では用いません。
また、過去時制補助語幹（았/었）にはつきますが、【잖다】で過去形を表現することはありません。

活用語尾

〜じゃないですか		〜じゃない
ハムニダ体	ヘヨ体	パンマル
잖습니까 chan-sseum-ni-kka	**잖아요** cha-na-yo	**잖아** cha-na

ハムニダ体で用いる際は『잖습니다』ではありません。
相手が発言したことについて確認、または誤りを正すときに用いるため、「〜じゃないです」という語尾にはなりません。

活用例

먹었다
（食べた）

確認・指摘 ➡

먹었잖습니까？
（食べたじゃないですか？）

아니다
（違う・ではない）

아니잖아
（違うじゃん・じゃないじゃん）

一般的には親しい間柄で用いる表現ですが、年上の方に使うときは丁寧な語尾を使います。

어제도 말했잖아 （昨日も言ったじゃん）

아까도 사줬잖아요 （さっきも買ってあげたじゃないですか）

사주다（買ってあげる／くれる）

慣用表現「あのね」

「있잖아요……」
（あのね）

「응?」
（ん？）

「아니... 아무것도 아니에요」
（いや、何でもないです）

話し始めの表現でも【잖다】は使われます。
言いにくい話を切り出すときに「その～えっと……」というニュアンスで話し始めるフレーズとなります。

헤어지다
（別れる）

있잖아... 헤어지자 우리
（あのさ…… 私たち、別れよう）

用言の尊敬表現

尊敬の意を表す

主語を敬う表現方法です。用言を尊敬語にして文を作ってみましょう。
すべての用言の語幹につけることができます。

母音語幹		子音語幹	
ㄹ語幹	**시** si		**으시** eu-si

尊敬表現の活用語尾を確認しましょう。

現在形

原形	ハムニダ体	ヘヨ体	パンマル
시다 si-da	**십니다** sim-ni-da	**세요** se-yo	**셔** syeo

ヘヨ体は「**시어요**」を縮約した形です。「**어**」を縮約したら「**셔요**」となりますが、比較的『**세요**』の方が多く用いられます。文法的にはどちらを使っても問題ありません。

過去形

原形	ハムニダ体	ヘヨ体	パンマル
셨다 syeot-tta	**셨습니다** syeot-sseum-ni-da	**셨어요** syeo-sseo-yo	**셨어** syeo-sseo

あくまでも主語を敬う表現なので、話し手と聞き手の関係が親しい間柄であれば語尾はパンマルで問題ありません。
例えば、クラスメイトに「**선생님은 교실에 계셔?**（先生は、教室にいらしてるの？）」という使い方ができます。

하다用言を尊敬語にしてみましょう。

하다 (する) **尊敬表現** ➡ 하시다 (なさる・なられる)
ha-si-da

하시다活用語尾

（なさります）
하십니다
ha-sim-ni-da

（なさります）
하세요
ha-se-yo

（なさる）
하신다
ha-sin-da

（なさるよ）
하셔
ha-syeo

「なさります」は、「なさいます」と訳しても大丈夫です。
動詞の하다用言は、尊敬語のハンダ体があります。

尊敬語　活用例

（行く）
가다

（来る）
오다

（与える・くれる）
주다

（知る）
알다

⬇

⬇

⬇

⬇

（行かれる）
가시다
ka-si-da

（来られる・おいでになる）
오시다
o-si-da

（くださる）
주시다
chu-si-da

（ご存じだ）
아시다
a-si-da

上記のように原形の語幹に『시』をつけることで尊敬語になります。

尊敬語　例外

（亡くなる）
돌아가시다
to-ra-ga-si-da
죽다 (死ぬ) の尊敬語

（お休みになる）
주무시다
chu-mu-si-da
자다 (寝る) の尊敬語

（召し上がる）
드시다
teu-si-da
먹다 (食べる) を美化した語
『들다』の尊敬語

原形につけるのではなく上記のような例外の尊敬語もあります。

存在詞の尊敬表現

「있다・없다」の尊敬表現

存在詞「いる・ある」「いない・ない」の尊敬表現もあります。
尊敬表現の「いる」「いない」は、**있다・없다**とは異なる単語となります。

ある	ない	いる	いない
↓	↓	↓	↓
있으시다	**없으시다**	**계시다**	**안 계시다**
i-sseu-si-da	eop-sseu-si-da	kye-si-da	an gye-si-da
(おありだ)	**(おありでない)**	**(いらっしゃる)**	**(いらっしゃらない)**

「この後、お時間おありですか？」と尋ねたり、目上の方の家や部屋を訪ねる際に
「いらっしゃいますか？」と声をかけるときに用います。

活用例

아버님 계시니?
(お父様、いらっしゃる？)

네, 계셔요
(はい、いらっしゃいます)

この尊敬表現は、主語を敬うときに用いるため、会話の聞き手が目上の方でなく
ても用います。
会話の主語が、祖父母・両親・先生・上司・お客様など目上の人だけでなく、よ
そ様の息子さんや娘さんなど、主語を高めようとするときに述語に用います。

아드님 미국에 계셔?
(息子さん、アメリカにいらっしゃるの？)

尊敬語の名詞を活用する

日本語では、敬う表現で名詞に接頭語の「お」「ご」をつけますよね。「お誕生日」「お名前」「ご自宅」「ご連絡」など、漢字の「御」をつけると丁寧な文となります。韓国語にこのような接頭語はなく、尊敬表現の語尾を使うことで丁寧な文となります。ただし、一部の名詞には尊敬の意を表すものがあるので、尊敬表現の語尾と一緒に活用しましょう。

尊敬名詞

집 (家)	말 (言葉)	이름 (名前)	생일 (誕生日)	나이 (年齢)	밥 (飯)
お宅	お言葉	お名前	お誕生日	ご年齢	お食事
댁 taek	**말씀** mal-sseum	**성함** seong-ham	**생신** saeng-sin	**연세** yeon-se	**진지** chin-ji

また、尊敬の意を表す接尾辞『분 (お方)』や『님 (様)』もあります。
『님』は、お客様だけでなく、「선생님 (先生)」「부장님 (部長)」「부모님 (ご両親)」という使い方もします。

他の人のご家族を呼ぶ際は、下記のような呼称となります。

할아버지	할머니	아버지	어머니	아들	딸
おじい様	おばあ様	お父様	お母様	息子さん	娘さん
할아버님	**할머님**	**아버님**	**어머님**	**아드님**	**따님**

尊敬助詞

韓国語には、尊敬の助詞もあります。

이 / 가 (〜が)	은 / 는 (〜は)	도 (〜も)	만 (〜だけ)	야 (〜は)
께서	**께서는**	**께서도**	**께서만**	**께서야**

에게 (〜に)	〜には	〜にも	〜にだけ	〜には
께	**께는**	**께도**	**께만**	**께야**

助詞『야』は、限定したり強調するときに用いる「〜は」です。
「お父様は出席しません」や「社長には連絡しました」という文で用います。

使役形

行為の強制「〜させる」

ある行為を他人に強制したり、許可したりする文です。「〜させます」や「〜やらせます」という語尾を作ることができます。

動作性名詞（**하다**活用できる名詞）につけることができます。

名詞 **하다** 使役形 ➡ 名詞 **시키다**
si-ki-da

活用語尾

させます		させるよ
ハムニダ体	ヘヨ体	パンマル
시킵니다 si-kim-ni-da	**시켜요** si-kyeo-yo	**시켜** si-kyeo

活用例

공부하다
（勉強する）

공부시키다
（勉強させる）

운동하다 使役形 ➡ **운동시키다**
（運動する） （運動させる）

결혼하다
（結婚する）

결혼시키다
（結婚させる）

名詞の後に助詞の「을/를（〜を）」を入れて活用もできます。
例えば「勉強をさせる」などです。

시키다 他活用① 「命じる」

名詞につけて「～させる」という活用だけでなく、**시키다**単体で「命じる」という意味になります。

시키는 대로 했어요 （命じられた通りにしました）
※「言われた通りに～」でも可

친구를 시켜 조사하게 했다 （友達に命じて調べさせた）
※「友達に言って～」も可

시키다 他活用② 「注文する」「頼む」

他に「注文する」「頼む」という意味もあります。
注文して「持ってこさせる」「運ばせる」
というイメージです。

제가 시킬까요?
（私が注文しましょうか？）

어제는 배달 시켜 먹었어
（昨日は出前を頼んで食べたよ）

「紹介して♡」

「紹介してください」という文は『**소개시키다**』も使われます。
"**소개해 줘요**" で通じるのですが、【**소개시켜 줘요**】と言ったりします。
「私に会うという行動をさせて……」というニュアンスが含まれるのでしょうか。少し回りくどい文となってしまいますね。
「**하다**」でも「**시키다**」でも相手には通じるので、日本に興味がある韓国の方がいらっしゃったら紹介をお願いしてみましょう！

하다活用の使役形「～するようにさせる」

ある行為を他人にさせるときに用いる活用語尾ですが、そのような状況に持っていきたいときに用います。

動詞語幹 게 하다
ke   ha-da

※【게】は、語幹の文字により発音が変化します。

남동생하고 함께 숙제하게 했어요
(弟と一緒に宿題をやらせました)

개를 집안에 들어오게 했어
(犬を家の中に入らせたよ)

만들다活用の使役形「～させる」

そのような状況を作りあげて強制的に「～させる」という表現です。

動詞語幹 게 만들다
ke   man-deul-da

지현을 가게 만들었다 (ジヒョンを行くようにさせた)

마당에서 개를 달리게 만들었어요
(庭で犬を走らせました)

ニュアンスの違い

『게 하다』は、「甘い物を（許し）食べさせた」など、許可するという意味も含んでいます。
対して、『게 만들다』には、「無理やり食べさせた」など強制的で強いニュアンスがあります。むやみに用いないようにしましょう。

使役動詞と被動詞

用言の使役形と受身形は覚えるしかない

用言を使役形にするには、語幹に『이・히・리・기・우・구・추』のいずれかの接尾辞をつけると、「～させる」という使役動詞に変えることができます。
つける接尾辞は単語により異なるため、覚えるしかありません。

例えば「食べる」は『먹다＋이』で
「食べさせる」となります。

먹이다
（食べさせる）

また、動詞を受身形にするには『이・히・리・기』の接尾辞をつけます。
受身形の動詞のことを被動詞と言います。

使役動詞と被動詞は、意味は異なるものの同じ単語を用いるものもあるので、その場合は全体の文章をよく理解して訳す必要があります。

例えば「見る」は、『보다＋이』で「見える」
「見せる」という２つの意味を持ちます。

被動詞
보이다
（見える）

使役動詞
보이다
（見せる）

使役動詞を確認する

使役形に変化した用言を確認していきましょう。
接尾辞『이・히・리・기・우・구・추』のうち、どれがつくかの絶対的な決まりはありませんが、傾向はあるので簡単に紹介します。

原形	끓다 (沸く)	닦다 (磨く)	녹다 (溶ける)	죽다 (死ぬ)
使役形	沸かす **끓이다** kkeu-ri-da	磨かせる **닦이다** ta-kki-da	溶かす **녹이다** no-gi-da	殺す **죽이다** chu-gi-da

히 語幹に閉鎖音「ㄱ[k]・ㄷ[t]・ㅂ[p]」のパッチムがある動詞が多い傾向にあります。

原形	식다 (冷める)	입다 (着る)	읽다 (読む)	앉다 (座る)
使役形	冷ます **식히다** si-ki-da	着せる **입히다** i-pi-da	読ませる **읽히다** il-ki-da	座らせる **앉히다** an-chi-da

리 子音字【ㄹ】が並ぶ傾向にあります。

原形	알다 (知る)	살다 (生きる)	날다 (飛ぶ)	울다 (泣く)
使役形	知らせる **알리다** al-li-da	生かす **살리다** sal-li-da	飛ばす **날리다** nal-li-da	泣かせる **울리다** ul-li-da

パッチム「ㅅ」の語幹につく場合が多いです。

原形	웃다 (笑う)	씻다 (洗う)	벗다 (脱ぐ)	숨다 (隠れる)
使役形	笑わせる	洗わせる	脱がせる	隠す
	웃기다 ut-kki-da	**씻기다** ssit-kki-da	**벗기다** pot-kki-da	**숨기다** sum-gi-da

 母音の語幹につき、中性母音が追加された形になる単語が多いです。

原形	비다 (空く)	서다 (止まる)	자다 (寝る)	타다 (乗る)
使役形	空ける	止める	寝かす	乗せる
	비우다 pi-u-da	**세우다** se-u-da	**재우다** chae-u-da	**태우다** tae-u-da

原形	돋다 (高くする)
使役形	高める
	돋구다 tot-kku-da

原形	늦다 (遅れる)	맞다 (合う)
使役形	遅らせる	合わせる
	늦추다 neut-chu-da	**맞추다** mat-chu-da

使役形は、一部の動詞と形容詞の語幹に接尾辞をつけて使役動詞を作ることができますが、一般的には他動詞として扱われています。これらの使役動詞は数が少ないので、「原形＋接尾辞」と覚えるよりも１つの単語として覚えた方が良いです。

また、144ページの動詞の語幹に「게 하다」つけて活用した使役形と使役動詞とではニュアンスが少し異なります。『먹이다』と『먹게 하다』の訳は同じ「食べさせる」となりますが、『먹게 하다』は "食べるようにしむける" という場合に用います。

被動詞を確認する

動詞を受身形にした被動詞も使役動詞と同じように、接尾辞『이・히・리・기』のうち、どれがつくか絶対的な決まりはありません。

이

原形	보다 (見る)	쓰다 (使う)	싸다 (包む)	파다 (掘る)	깎다 (削る)
受身形	見える	使われる	包まれる	掘られる	削られる
	보이다 po-i-da	**쓰이다** sseu-i-da	**싸이다** ssa-i-da	**파이다** pa-i-da	**깎이다** kka-kki-da

母音語幹

히

原形	먹다 (食べる)	막다 (塞ぐ)	읽다 (読む)	묻다 (埋める)	닫다 (閉める)
受身形	食べられる	塞がれる	読まれる	埋まる	閉まる
	먹히다 meo-ki-da	**막히다** ma-ki-da	**읽히다** il-ki-da	**묻히다** mu-chi-da	**닫히다** ta-chi-da

パッチム『ㄱ・ㄹㄱ』K音　　　パッチム『ㄷ・ㅈ・ㄹㅈ』T音

리

原形	물다 (噛む)	몰다 (追う)	열다 (開く)	밀다 (押す)	팔다 (売る)
受身形	噛まれる	追われる	開かれる	押される	売れる
	물리다 mul-li-da	**몰리다** mol-li-da	**열리다** yeol-li-da	**밀리다** mil-li-da	**팔리다** pal-li-da

パッチム『ㄹ・ㄹㅎ』流音

기

原形	안다 (抱く)	끊다 (切る)	감다 (巻く)	담다 (盛る)	씻다 (洗う)
受身形	抱かれる	切られる	巻かれる	盛られる	洗われる
	안기다 an-gi-da	**끊기다** kkeun-ki-da	**감기다** kam-gi-da	**담기다** tam-gi-da	**씻기다** ssit-kki-da

パッチム『ㄴ・ㄹㅎ』『ㅁ』鼻音

※単語は一部です。

また、単語によっては他の意味を持つものもあります。

「쓰이다（書かれる）」や「물리다（払わせる）」など。

꺾다 (折る)	섞다 (混ぜる)	묶다 (縛る)	쌓다 (積む)	놓다 (置く)	덮다 (覆う)
折られる	混じる	縛られる	積まれる	置かれる	覆われる
꺾이다 kko-kki-da	섞이다 seo-kki-da	묶이다 mu-kki-da	쌓이다 ssa-i-da	놓이다 no-i-da	덮이다 teo-pi-da

パッチム『ㄲ』　　　　　　　　　パッチム『ㅎ』　　パッチム『ㅍ』

잊다 (忘れる)	얹다 (載せる)	접다 (折る)	잡다 (捕まえる)	뽑다 (抜く)	밟다 (踏む)
忘れられる	載せられる	折れる	捕まる	抜かれる	踏まれる
잊히다 i-chi-da	얹히다 eon-chi-da	접히다 cheo-pi-da	잡히다 cha-pi-da	뽑히다 ppo-pi-da	밟히다 pal-pi-da

パッチム 『ㅂ·ㄼ』 P音

걸다 (掛ける)	뚫다 (あける)	듣다 (聞く)	싣다 (載せる)	누르다 (押さえつける)	부르다 (呼ぶ)
掛かる	あけられる	聞こえる	載る	押さえつけられる	呼ばれる
걸리다 keol-li-da	뚫리다 ttul-li-da	들리다 teul-li-da	실리다 sil-li-da	눌리다 nul-li-da	불리다 pul-li-da

ㄷ変則　　　　　　　　ㄹ変則

빼앗다 (奪う)	찢다 (引き裂く)	쫓다 (追う)
奪われる	引き裂かれる	追われる
빼앗기다 ppae-at-kki-da	찢기다 tchit-kki-da	쫓기다 tchot-kki-da

パッチム 『ㅅ·ㅈ·ㅊ』T音

比較的、下記の語幹につくという特徴があります。

이：母音・ㄲパッチム語幹
히：激音になるパッチムの語幹
리：ㄹ語幹
기：ㄴ・ㅁ、T音のパッチムの語幹

婉曲表現

ソフトな語尾「～なんです」

婉曲表現とは、聞き手が不快な思いをしないように語尾をやわらかくして遠回しに表現する方法です。例えば、「忙しいです」ではなく「忙しいんですよね」というように、聞き手にソフトに伝えることができます。

存在詞 動詞	形容詞	指定詞 形容詞
※時制補助語幹含む	子音語幹	母音語幹・ㄹ語幹
는데요	**은데요**	**ㄴ데요**
neun-de-yo	eun-de-yo	n-de-yo

親しい間柄の方に用いるときは【요】を外し、パンマルで活用できます。
また、感嘆や驚嘆の表現「～なんですね！」の他に独り言でも用いることができます。

活用例

오시는데요
（いらっしゃるんですよ）

좁은데요
（狭いんですよね）

없는데
（ないんだよね）

바쁜데
（忙しいんだよ）

전데요
（私なんです）

語尾をしり上がりにして発音すると、ソフトな語尾の疑問文となります。
例えば「いらっしゃるんですよね？」というように、聞き手に返事を要求することもできます。

終結語尾だけではなく連結語尾でも用いられ、「～だが」「～なんだけど」という文や、「～なのに」といった逆接の表現でも使用できます。

婉曲表現を活用する

いろいろな文を婉曲表現に変えてみましょう！

꽃이 예뻤어요
(花がきれいでした)

너무 좋아하지만
(大好きだけど)

婉曲表現 →

모처럼 여행으로
(せっかくの旅行で)

아까부터 추워요
(さっきから寒いです)

꽃이 예뻤는데요
(花がきれいだったんですよね)

너무 좋아하는데
(大好きなんだけど)

모처럼 여행인데
(せっかくの旅行なのに)

아까부터 추운데
(さっきから寒いんだよね)

状況や状態を説明するときや、ある行為に対して理由を述べるときに「～するから」「～するので」「～するのに」という連結語尾でも使うことができます。

저는 못 가는데 남편에게 부탁해 볼게
(私は行けないから、夫に頼んでみるよ)

비가 많이 오는데 이제 가죠
(大雨なので、もう行きましょう)

예쁜데 성격이 좀...
(きれいなのに、性格がちょっと……ね)

条件と仮定の提示

条件・仮定を表す「〜すれば」「〜なら」

主に命令文や勧誘文で用い、条件や仮定を表します。「雨が降れば中止にしてください」や「終わったらご飯に行きましょう」など連結語尾で用います。

用言語幹 거든
keo-deun

※パッチムの有無は関係ありません。
【거】は、語幹の文字により発音が変化します。

仮定の語尾「(으)면」とほとんど置き換え可能ですが、順序立てた文の場合、『거든』は使えません。

> 例
>
> （時間があれば読書をします）
> 면 : 시간이 있으면 독서를 합니다 ◯
> 거든 : 시간이 있거든 독서를 합니다 ✕
>
> （会ったら伝えてね）
> 만나면 전해줘 ◯
> 만나거든 전해줘 ◯

『거든』は、命令・勧誘・依頼・約束、そして推測や意志で用います。
例の「会ったら伝えてね」の場合、「(으)면」は「もしも会ったら」と仮定のニュアンスが強いのに対し、『거든』は「この後、会ったら」と実現の可能性が高い場合に用います。

비싸거든 사지 맙시다
（高いなら買うのはやめましょう）

급하거든 먼저 가세요
（お急ぎでしたらお先にどうぞ）

> どっちも「면」と置き換え可能です！

事実の根拠

事実の説明や質問の返答「〜なんだよ」

『거든』は、終結語尾でも用いることができます。
一般的には目下の人や対等な関係の人に使い、そこまで親しくない相手には
【요】をつけます。

用言語幹 거든요
keo-deun-nyo

※【요】を付けた場合、発音は
「ㄴの添加」となります。

口調によって印象が変わる語尾です。
軽く可愛らしく言えば「〜なんだもん」というニュアンスになり、逆に淡々と
言えば冷たい印象を与えます。

活用例

아니다
(違う)

맛있다
(美味しい)

〜なんだよ

아니거든요!
(違うんです!)

맛있거든!
(美味しいんだよ!)
※「美味しいんだもん」でも可

네가 나쁘거든요
(君が悪いんですよ)

집으로 가거든요
(家に帰るんです)

行為の意図

ある行為をしようとする意図を表現

これから行う行為の動作について表すことができます。使い方は、後ろに「**하다**」をつけ、「〜しようとする」という文で用います。

[動詞・있다　語幹] **(으)려 하다**
ryeo　　 ha-da

※子音語幹は「으」をつけます。

活用例

가다 (行く)　　　　　→　가려 하다 (行こうとする)

먹다 (食べる)　〜しようと　먹으려 했다 (食べようとした)

「**(으)려**」の後に『**고**』をつけても同じ意味になります。

[動詞・있다　語幹] **(으)려고** + [動詞]
ryeo-go

「**(으)려**」は後ろに「**하다**」しかつけられませんが、『**(으)려고**』は他の動詞もつけることができます。

약을 먹으려고 물을 샀다
(薬を飲もうと水を買った)

급히 가려고 달렸습니다
(急いで行こうと走りました)

달리다
(走る)

状況・状態の変化を表す

『(으)려고』は、今すぐ起きる変化により、状況や状態が「～しそうだ」「～なりそうだ」という文でも用いることができます。

구워지다
（焼ける）

노릇노릇하게 구워지려고 해요
（こんがりと焼け上がりそうです）

떨어지다
（落ちる）

금방 떨어지려고 한다
（今にも落ちそうだ）

終結語尾「～しようと思って」

『(으)려고』は、連結語尾だけでなく、終結語尾でも活用できます。

포기하다
（諦める）

이제 포기하려고
（もう諦めようと思って）

자다
（寝る）

혹시 여기서 자려고?
（もしかしてここで寝ようと思ってんの？）

いろいろな活用

『(으)려』は、いろいろな表現で使えます。

하려는 사람 （しようとする人）

하려면 （しようとするなら）

하려고 해도 （しようとしても）

※하다用言以外の動詞でも活用できます。

疑問と驚嘆

①不審「〜だなんて」

ある事実について「〜だなんて」「〜とは」信じられないといった不審を表すときに用いる表現です。**다고 하니**の縮約形です。

動詞・形容詞
語幹

다니
ta-ni

※形容詞は**있다・없다**を含みます。
時制補助語幹(**았/었/겠**)にもつきます。
語幹の文字により発音が変化します。

이렇게 춥다니 (こんなに寒いなんて)

②疑問「〜だろうか？」

既に知っているであろう事実について、聞き手に疑問や質問を投げかけるときにも用います。

언니는 왜 항상 예쁘다니?
(お姉さんは、なんでいつもきれいなんだろうね？)

③第三者から聞いた情報を質問する「〜だって？」

聞いた事実を「〜なんだって？」と確認するときに用いることもできます。

혼자서 미국 갔다니? (1人でアメリカに行ったんだって？)

②③の動詞活用について　　母音語幹・ㄹ語幹は「-ㄴ」、子音語幹は「는」がつきます。
間接話法の活用方法と同じです。(例)【**간다니?**】【**먹는다니?**】

> 指定詞には、**라고 하니**の縮約形【**라니**】がつきます。
> **교수라니**：教授だなんて・教授だろうか？・教授なんだって？

根拠の引用と強調

理由や根拠「〜だというから」「〜というと」

自分や第三者の話を理由・根拠として引用表現できます。
다고 하니까の縮約形です。

動詞 **ㄴ/는다니까**
-da-ni-kka

※子音語幹「는다니까」
母音・ㄹ語幹「ㄴ다니까」

形容詞 **다니까**
ta-ni-kka

※있다・없다
時制補助語幹含む

指定詞 **라니까**
ra-ni-kka

비싸다니까 안 샀습니다
（高いというから買いませんでした）

繰り返し強調「〜だってば」

一度言ったことを、再度強調して言うときに用います。「だから、〜なんだって！」というニュアンスです。

못 먹는다니까
（食べられないんだってば）

몸에 나쁘다니까
（体に悪いんだってば）

의사가 아니라니까
（医者じゃないんだって）

根拠と理由

根拠や理由・原因の表現「〜だから」

ある事柄の根拠や理由、または原因を相手に伝えることができます。すべての用言につけることができ、 勧誘文や命令文、依頼文で用いることができます。

| 母音語幹 | 니까 |
| 己語幹 | ni-kka |

| 子音語幹 | 으니까 |
| | eu-ni-kka |

連結語尾でも終結語尾でも用いることができます。

活用例

좋아하다 (好きだ)		좋아하니까 (好きだから)
맛있다 (美味しい)	〜だから	맛있으니까 (美味しいから)
아니다 (違う)	➤	아니니까 (違うから)
알다 (分かる)		알았으니까 (分かったから)

終結語尾で用いる場合で丁寧な文にしたいときは、【요】をつけると「〜からです」という語尾にできます。

> 原因や理由を表す連結語尾で『아서 / 어서』がありますが、こちらは勧誘文や命令文、依頼文では用いることができません。

시간이 있으니까 차 마시자 (時間があるから、お茶しよう)

추우니 빨리 돌아가거라! (寒いから、早く帰りな！)

連結語尾の場合は【(으) 니까】を"(으) 니"に置き換えることができます。

原因の理由

原因の理由を表す「〜のせいで」

「〜のせい」「〜のため」という意味の名詞『때문』を用いて、ある状況や状態になった原因や理由を述べることができます。

用言語幹 기 때문에
ki　　　ttae-mu-ne

※【기】は、語幹の文字により発音が変化します。

語幹に【기】をつけるのは、用言を名詞化するためです。
「行く」であれば「가다」→「가기」で「行くこと」という意味になります。
名詞や代名詞につける場合は【기】を省きます。

活用例

나 때문에 （私のせいで）

돈이 없기 때문에 （お金がないせいで）

머리가 아프기 때문에 （頭が痛いので）

비가 오기 때문에 （雨のせいで）※雨が降っているせいで

語尾に指定詞をつけて「〜のせいだ」「〜だからだ」という文を作ることもできます。

제 말투 때문이에요?
（私の話し方のせいですか？）

피곤하기 때문이에요
（疲れているからですよ）

目 的 や 意 図

行為の目的と意図を表現「〜するために」

用言を名詞化し、後ろに「ためにする」という表現『**위하다**』を用いて、ある行為の目的や、行う意図を表すことができます。

動詞語幹 **기 위해서**
ki　　wi-hae-seo

【서】は外しても同じ意味になります。

形容詞に用いることはできません。形容詞は「〜なる」という表現に変えれば活用することが可能です。例えば「大きい」→「大きくなる＋ために」などです。

活用例

어머니를 만나기 위해서 （母に会うために）

살을 빼기 위해서 （痩せるために）

머리가 좋아지기 위해서 （頭が良くなるために）

좋다 （良い） ＋**지다** （〜なる）

また、形容詞の名詞化されている単語でも使えます。

키가 크기 위해서는 뭐가 필요해?
（背が高くなるためには何が必要なの？）

形容詞『**크다**（大きい・高い）』
"**기**" を語幹につけて名詞化すると「**크기**＝大きさ」となります。
実際は「**커지기 위해서**」ですが、「**크기 위해서**」でも用いることができます。

並列と選択

行為・状態の並列「〜したり」・選択「〜するか」

2つ以上の行為や状態を並べたり、どちらにするか選択するときに用いる連結語尾です。また、対立する事柄をすべて選択という場合にも用いることができます。

用言語幹 거나
keo-na

※【거】は、語幹の文字により発音が変化します。

114ページの「기도 하다 (〜したりする)」は、並べるだけで選択はしません。

並列 活用例
춥거나 덥거나
(寒かったり暑かったり)

選択 活用例
타거나 내리거나
(乗るか降りるか)

事柄を並べ、どちらか1つを選択します。

혼자서 책을 읽거나 영화를 봅니다
(一人で本を読むか映画を見ます)

選択の場合、どちらでもよいというときも用いることができます。

날씨가 좋거나 나쁘거나 상관 없어요
(天気が良くても悪くても関係ありません)

3つも4つも並べることができます。

밥 먹거나, 술 마시거나, 노래방 가거나, 집에 가도 돼
(ご飯を食べるか、お酒を飲むか、カラオケに行くか、家に帰ってもいいよ)

選択をする

2つ以上を並べ選択「～でも」「～か」

名詞などにつけて、「私でもあなたでも」や「いつでも」という選択フレーズが作れます。また、用言につけるときは、2つ以上の行為を並べて選択するという表現の文を作ることができます。

母音体言
用言語幹
든지
teun-ji

子音体言
이든지
i-deun-ji

体言 例

사탕이든지 초콜릿이든지
（キャンディーでも
チョコレートでも）

나든지 너든지 （私でもあんたでも）

用言 例

영화를 보든지 식사를 하든지
（映画を見ようか、食事をしようか）

삶든 굽든 해서 먹어라
（煮るなり焼くなりして食べな）

※体言につく場合や、用言でどちらでも構わない、すべて選択という文の場合は、【지】を縮約しても同じ意味になります。

どちらかを選択する文の場合、【지】は縮約できません。

가든지 쉬든지 어느 쪽으로 하자
（行くか休むかどちらかにしよう）

【든지】と置き換え可能「～でも」「～か」

韓国語の選択を表す活用は多く、「든지」と置き換え可能な表現を紹介します。

①언제든가 전화해 주세요
（いつでもお電話ください）

②도서관에 갔든가 친구집에 간 것 같아요
（図書館に行ったか、友達の家に行ったみたいです）

例文①は「든지」と、例文②は「든지／거나」と置き換え可能です。

ただし、並列の「テレビを見たり、掃除をしたり、ごろごろしたり」のような文は「거나」しか使えません。「든지」「든가」は、あくまでも選択をする文のみで置き換えが可能です。

また、体言の後につけるときは助詞で、用言の後につけるときは連結語尾に分類されます。

体言と用言 選択の違い

体言：どれを選択しても構わない

用言：どちらか１つを選択
　　　どれを選択しても構わない
　　　すべてを選択

体言と用言につける場合では文の作り方に違いがあります！

行為の中断

行為や状態が中断「～していて」「～しながら」

ある行為や状態が途中で他の行為や状態に変化するときに用いる表現です。
2つ以上の用言を羅列させると「～したり」と訳すときもあります。

용언어간 **다가**
ta-ga

※語幹の文字により発音が変化します。
縮約して「가」を省いても構いません。
パッチムの有無は関係ありません。

助詞をつけて『다가도（していても）』や、強調するときに『다가는（縮約：다간）』を用いるときもあります。

방금전까지 비가 오다가 이제 그쳤나?
（さっきまで雨が降っていたが、もう止んだかな？）

택시를 타다가는 사고를 당했어요
（タクシーに乗っていて事故に遭いました）

간다고 했다가 안 간다고 했다가 도대체 뭐니?（行くと言ったり行かないと言ったり一体なんなの?）

다가は位置や場所を指して「～に」という助詞で用いることもできます。

여기다가 넣으세요 （ここに入れてください）

저기다가 놓아 주세요 （そこに置いてください）

어디다가 쓰면 좋을까요? （どこに書けばいいですか？）

事実の変化

相反して述べる「〜だったのに」「〜したら」

過去に経験して知った事実や状況の後、新しい事実や状況を述べるときに連結語尾で用います。終結語尾で用いる場合は、表現をぼかした文末となります。

用言語幹 **더니**

teo-ni

※【더】は、語幹の文字により
発音が変化します。

약을 먹었더니 괜찮아졌어요
（薬を飲んだら良くなりました）

그렇게 좋아했더니 （あんなに好きだったのに）

また、前節の行為からすぐに別の行為に変わるときの「〜するなり」、前節の行為や状況の結果「〜したので」という文でも用いることができます。

교실에 들어오더니 가방을 놓고 나갔다
（教室に入ってくるなり、カバンを置いて出ていった）

※過去を表す『았/었더니』の主語は常に話し手となるが『더니』は、話し手が実際に見て感じたものを表すため主語は他の人や事柄となります。

옛날에는 멋있더니……
（昔はカッコよかったのに……）

逆接表現

前節と後節が相反「～だが」「～けれど」

2つのフレーズをつなぐ連結語尾です。前と後ろの文節が相反関係にあったり、前節を認めつつ他の内容を後節に追加でつけるときに用います。

用言語幹 지만
chi-man

※【지】は、語幹の文字により発音が変化します。

『지만』は、지마는を縮約した形で、口語で用いられます。지마는は、文語で用いられることが多いです。『지만』を文語で用いても問題ありません。

오빠는 상냥하지만 언니는 무서워요
（お兄ちゃんは優しいけど、お姉ちゃんは怖いです）

맛있지만 칼로리는 높아
（美味しいけどカロリーは高いよ）

티비를 봐도 좋지만 숙제도 해라
（テレビを見てもいいけど宿題もしろ）

他活用

【으나/나】を用いても、逆接の文を作ることができます。
用言が子音語幹であれば "으나"、母音語幹・ㄹ語幹は "나" をつけます。

추우나 즐겁다
（寒いが楽しい）

비싸나 사겠다
（高いけど買うよ）

先立つ行為

ある行為の前に行う「〜する前に」

ある行為や、状態にする動作の前に行うことを表すことができます。「薬を飲む前に」や「寝る前に」というような文が作れます。

 動詞語幹  **기 전에**
ki jeo-ne

※【기】は、語幹の文字により
発音が変化します。

解説

動詞：＋기（動詞を名詞化）
名詞：전（前）
助詞：에（〜に）

もちろん過去の文では用いませんので、過去時制補助語幹（았／었）にはつきません。

자기 전에 이를 닦아라
（寝る前に歯を磨きなさい）

출발하기 전에 화장실에 가고 싶습니다
（出発する前にトイレに行きたいです）

밥 먹기 전에 손을 씻읍시다
（ご飯を食べる前に手を洗いましょう）

時間的に後の行為

行為・状態の後にする「〜した後に」

ある行為をした後、ある状態になった後に行うことを表すことができます。
「食事をした後に」や「会議の後に」というような文が作れます。

動詞語幹 **ㄴ/은 후에**
hu-e

解説
動詞の過去連体形：+ ㄴ/은
名詞：후（後）
助詞：에（〜に）

子音語幹の動詞には「은」をつけます。
助詞はなくても同じ活用ができます。

밥을 먹은 후에 약을 먹었습니다
（ご飯を食べた後に薬を飲みました）

その他の活用①

「〜した後に」は、他の名詞を用いても同じ表現ができます。

動詞語幹 **ㄴ/은 뒤에**
twi-e

名詞「後」の解説
후：後（あと／ご）　漢字語
뒤：後ろ　固有語

※『뒤』は、有声音化せずに発音します。

どちらを使っても問題ありませんが、
『뒤』は空間的な「後ろ」でも使うため、
比較的『후』の方が用いられています。

その他の活用②

ある行為の次に行うという意味での用法もあります。

動詞語幹 ㄴ/은 다음에
ta-eu-me

※『다음』は、有声音化せずに発音します。

『다음』は「次」「今度」という意味の名詞ですが、訳すときは「〜した後で」となります。
また、動詞につけず、指示代名詞「この」「その」の後につけることも可能です。

이 다음에 어떻게 됐어?
（この後はどうなったの？）

그 다음에 뭐 할 거야?
（その後は何をするの？）

上記の例文の場合、「후」「뒤」で置き換えることはできますが、『다음』を用いる方が自然です。
また、助詞は「〜は」と訳していますが、「次にどうなる？」「次に何する？」という意味となります。

본 후에 （見た後に）

만든 후에 （作った後に）

들은 뒤에 （聞いた後に）

읽은 다음에 （読んだ後に）

どの名詞でもOKです。

時間の経過

経過を表す「〜してから」「〜して以来」

ある行為が完了したのち、時間が経過していることを表すことができます。
「東京に来て、5年も経ちました」というような、時間関係の文で用います。

動詞語幹 ㄴ/은 지
_{ji}

서울에 온 지 일 년이 되었습니다
（ソウルに来てから1年になりました）

여자친구랑 헤어진 지 세 달이 지났어
（彼女と別れて3か月経ったよ）

약을 먹은 지 다섯 시간이 경과했어요
（薬を飲んでから5時間が経過しました）

◎ **注意ポイント** ◎

「〜した後で」で用いる「-ㄴ 후」などと同じような使い方はできません。
『-ㄴ 지』はあくまでも、時間がどのくらい過ぎたかを表します。
例えば「薬を飲んでからコーヒーを飲みました」のように、ある行為の後に
他の行為をしたという文では使えません。

スペースを空けない「ㄴ지」は、漠然とした疑問「〜なのか」という意味にな
ります。

形容詞・指定詞：ㄴ/은지
時制補助・存在詞・動詞：는지

어디인지 모르겠다
（どこか分からない）

出来事と事実を述べる

直接経験した出来事を表す「〜したんだよ」

話し手が「見たこと」「感じたこと」「聞いたこと」を回想しながら話すときに用います。また感嘆する様子を表すこともできます。

 **用言語幹** **더라**
teo-ra

※【더】は、語幹の文字により発音が変化します。

「–더라고（요）」も同じ意味で用いることができます。また、思い出せなくて「누구더라？（誰だっけ？）」と自問自答することもできますが、多くは用いません。

形容詞は、ほぼ過去形では用いません。動詞は、現在形と過去形でニュアンスが異なるので注意が必要です。

「髪を切ってたんだよ」

現在形 **머리를 자르더라** 切っているところ見た（進行）

過去形 **머리를 잘랐더라** 切った後の姿を見た（完了）

> **ポイント**
> ・他人が経験した出来事を述べることはできません。
> ・新しく知った事実以外の内容のとき、話し手自身を主語にはできません。
>
> **영화 재미없더라**（映画つまらなかったよ）

伝達する

事実を述べる「〜だって」「〜だそうです」

第三者が言った言葉や、話し手が知っている事実を聞き手に伝えるときに用いる表現です。「先生は、忙しいんだって」や「1時間後に来るそうです」というような文を作ることができます。

存在詞 形容詞	動詞	動詞	指定詞
※時制補助語幹含む	子音語幹	母音語幹・ㄹ語幹	
대	**는대**	**ㄴ대**	**래**
tae	neun-dae	n-dae	rae

間接話法の「다고 해」「라고 해」を縮約した形で、親しい間柄や目下の人によく用いられます。丁寧な語尾にする際は【요】をつけます。

소연이는 바쁘대
(ソヨンは忙しいって)

선배는 한 시간 후에 온대요
(先輩は1時間後に来るそうです)

※ハムニダ体は、대요→「답니다」
　　　　　　　　래요→「랍니다」

「대」「래」の活用は他にもあり、事実を述べるときに「〜なんだよ！」と強調したり、問題提起するときに用いられます。「**누가 그랬대?**（誰がそんなこと言った？）」「**아니래!**（違うって!）」のように使います。

他者の願望

話し手以外の願望表現「〜したがる」

話し手が、第三者の願望を述べるときに用いる表現方法です。「会いたがっています」や「行きたがっていた」というような文を作ることができます。

動詞語幹 고 싶어 하다
ko   si-peo   ha-da

1人だけでなく複数の人の願望でも用いることができます。

모두 한국에 가고 싶어 합니다
（みんな韓国に行きたがっています）

이거 동생이 먹고 싶어 하던 케이크야
（これ、妹が食べたがっていたケーキだよ）

形容詞に用いることはできません。形容詞は「〜になる」という表現に変えなければいけません。例えば、「きれい」→「きれいになる」にして願望文にすることは可能です。

누나는 예뻐지고 싶어 합니다
（姉はきれいになりたがっています）

친구가 날씬해지고 싶어 해서
다이어트를 시작했어요
（友達が痩せたがってダイエットを始めました）

날씬하다（スリムだ）

行為の必要性

必要な行為「〜しなければならない」

ある必要な行為に対し、「〜しなければならない」「〜すべきである」という文を作ることができます。文語と口語で違いがあります。

用言語幹 **아/어 + 야**
ya

하다 [文語]
ha-da

되다 [口語]
dwe-da

하다は「能動」、**되다**は「受動」を表します。どちらも同じ訳になりますが、会話では "**되다**" を主に使います。

하다活用 例 **교통 법규를 꼭 지켜야 한다**
（交通ルールを必ず守らなければいけない）

관리자의 허가를 받아야 한다
（管理者の許可を得なければならない）

되다活用 例 **학교에 가야 됩니다**
（学校に行かなければいけません）

존경받는 사람이어야 돼요
（尊敬される人でなければいけないよ）

義務と強い意志

意志や意見を表す「〜しなくちゃ」

話し手の意志を述べるときや独り言で用いたり、聞き手に対して勧誘、または同意を求めるときに使える活用語尾です。

用言語幹 아/어 + 야지
ya-ji

『야지』は、「야 하다」のパンマル「야 하지」を縮約した形です。口語でよく用いられます。

活用例

가다 (行く)   가야지 (行かなきゃ)

먹다 (食べる) **〜しなくちゃ→** 먹어야지 (食べなきゃ)

하다 (する)   해야지 (しなきゃ)

一般的には、目下の人や親しい間柄で用います。丁寧な語尾にしたい場合は【요】をつけます。

한국어로 대화하고 싶으면 공부해야지요
(韓国語で会話したいなら勉強しなければいけないですよ)

『아/어야지』を連結語尾で用いる場合、強い条件を表す「〜してこそ」「〜してはじめて」という意味となります。
연습해야지 실전에서 발휘할 수 있어요
（練習してこそ実戦で発揮できます）　　　※文語では【지】を省きます。

意志と推量を表す

話し手の意志や推量を表すときに用います。話し手の意志は「야지」とほぼ同じ使い方をしますが、『야겠다』のほうが、強い意志を表現することができます。

用言語幹 아/어 + 야겠다
ya-get-tta

『야겠다』は、「야 하다」の意志・推量を表す「야 하겠다」を縮約した形です。

시험공부 해야겠다
（テスト勉強しなきゃ）

내일까지 끝내야겠다
（明日までに終わらせなきゃ）

「아/어야지」は、相手を勧誘したり、同意を求めるときにも用いますが、『아/어야겠다』は、話し手が独り言で自らを鼓舞するときの「〜しなきゃ」という意志や、「〜でなきゃいけないだろう」という推量のみで用います。

돌아가서 고양이에게 먹이를 줘야겠어요
（帰って、猫に餌をあげなければいけないです）

오전 5시에는 일어나야겠어?
（午前5時には起きなきゃいけないでしょ?）

내가 해야겠냐고 물어볼게
（私がやらなきゃいけないのかって聞いてみるよ）

不確実な推測

状況の推測「～かもしれない」

話し手が状況や状態を見て推測して述べる表現方法です。「あいつが犯人かもしれない」「もうすぐ雪が降るかもしれません」という文などが作れます。

用言語幹 ㄹ/을지도 모르다
tchi-do　　　mo-reu-da

「ㄹ/을지도」は間接的な疑問を表し「～するかも」という意味で、「모르다」は「分からない・知らない」という意味です。

선생님일지도 모릅니다 (先生かもしれません)

눈이 올지도 모르겠네 (雪が降るかもしれないね)

오늘은 연락이 오지 않을지도 몰라
(今日は、連絡が来ないかもしれない)

「을지」は、170ページの漠然とした疑問を表す連結語尾「는지」「은지」と置き換えることができます。

생각하고 있는지도 모른다
(考えているのかもしれない)

似ている表現　『ㄹ/을 수도 있다』
눈이 올 수도 있네 (雪が降ることもありえるね)
訳すときは「雪が降るかもしれないね」でもいいと思います。

用言の名詞化

主語や目的語で用いる

用言を「～すること」「～であること」のように名詞化して、文の主語や目的語で用いることができます。

用言語幹 **기**
ki

※【기】は、語幹の文字により発音が変化します。

【기】をつけて名詞化した動詞は、ある行為をすることが "好き・嫌い" や、これから行う行為について "する・しない" という文が作りやすいです。

먹기를 좋아해요
（食べることが好きです）

가기 싫다니까 (行きたくないってば)

말하기 싫어 (言いたくない)

予定のメモ

【기】は、今後行う予定を表すことができます。

3월 3일 친구와 영화를 보기
（3月3日　友達と映画を見る）

名詞化 活用例

かけっこ・100ｍ走などは『달리기』

形容詞の名詞化なら『밝기（明るさ）』『굵기（太さ）』

存在詞『있기（あること）』、指定詞『혼자가 아니기（1人ではないこと）』

完了のメモ

既に起きている事実を表すときは【ㅁ/음】をつけて用言を名詞化します。
終わった出来事などをメモするときに用いることができます。

母音語幹 **ㅁ**
m

子音語幹 **음**
eum

12시 은행에 갔음 (12時　銀行に行った)
주부임을 기재함 (主婦であることを記載する)
선수의 드나듦 확인 (選手の出入り確認)
드나들다
(出入りする)

ㄹ語幹は注意！
살다 (生きる) は『삶』となり、「人生」や「暮らし」という意味で用います。
また、「으脱落」せず、語幹に『음』がつく単語もあります。
울다 (泣く) は『울음 (泣き)』、놀다 (遊ぶ) は『놀음 (遊び)』となります。

1つの物・単位に変換

動詞語幹 **이**
i

動詞につけます。
【이】をつけた名詞化は変則的なものもあり、単語で覚えた方がいいと思います。

놀다
(遊ぶ)

물놀이 (水遊び)
소꿉놀이 (ままごと)
단풍놀이 (紅葉狩り)
꽃놀이 (花見)

먹다
(食べる)
먹이 (餌)

굽다
(焼く)
구이 (焼き物)

さまざまな品詞の副詞化

派生副詞を学ぶ

派生副詞とは、副詞ではない品詞に接尾辞『이／리／로／히』がついて副詞になったものを指します。どの接尾辞がつくかは絶対的な決まりはありませんが、傾向や特徴があるので簡単に紹介します。

| **이** | 높다（高い）
높이
no-pi
（高く） | 없다（ない）
없이
eop-ssi
（なく） | 일（1）
일일이
il-li-ri
（いちいち） | ※ 発音は
[i-ri-ri]では
ありません。 |

同じ単語を重ねて副詞を作ることもできます。

| **리** | 멀다（遠い）
멀리
meol-li
（遠く） | 넓다（広い）
널리
neol-li
（広く） | 빠르다（早い）
빨리
ppal-li
（早く） |

主に ㄹ語幹や 르変則活用の単語につきます。

| **로** | 새（新しい）
새로
sae-ro
（新しく） | 별（別）
별로
pyeol-lo
（あまり・それほど） | 대체（大体）
대체로
tae-che-ro
（大体・おおよそ） |

漢字語や名詞につくことが多い傾向にあります。※「새」は冠形詞です。

| **히** | 열심（熱心）
열심히
yeol-ssim-hi
（一生懸命に） | 우연（偶然）
우연히
u-yeon-hi
（偶然に） | 당당하다（堂々としている）
당당히
tang-dang-hi
（堂々と） |

状態を表す名詞、하다がついている形容詞につきます。

하다がつく形容詞の例外

하다がつく形容詞を副詞にする際は『히』をつけますが、例外の単語もあります。
하다の前にくる語に「ㅅ」パッチムがあると『이』がつきます。

깨끗하다
（清潔だ）

깨끗이 （きれいに・さっぱりと）

kkae-kkeu-si

動詞・形容詞・存在詞を副詞化

動詞・形容詞・存在詞を「～するように」という状態を表す副詞に変換できる接尾辞があります。

게

모르다（知らない）

모르게

mo-reu-ge

（知らず・思わず）

귀엽다（可愛い）

귀엽게

kwi-yeop-kke

（可愛く）

맛있다（美味しい）

맛있게

ma-sit-kke

（美味しく）

하다用言に「게」をつけて副詞にする際は、語幹につけて『하게』となります。

잘하다（上手だ）

잘하게

char-ha-ge

（上手に・うまく）

급하다（急ぐ）

급하게

keu-pa-ge

（急いで）

깨끗하다（清潔だ）

깨끗하게

kkae-kkeu-ta-ge

（きれいに）

하다がついている形容詞は『히』をつけて副詞にできるため「急いで」は『급히』も同様に使用できますが、「잘하다」は『히』をつけて使用できません。単語によって当てはまらないこともあります。

「히」と「하게」使い分け

히：白黒はっきりしたさま　　하게：そのようなさま
조심히（用心深く・慎重に）　조심하게（注意して）
同じ「気をつけて」という意味で用いますが、ニュアンスが少し異なります。

似ている副詞

単語を使い分ける

日本語も「いっぱい」や「たくさん」のように近い意味の副詞が存在しますが、韓国語も近い意味の副詞が数多くあります。中には、副詞的活用をする名詞もあります。意味を理解して使い分けてみましょう。

ずっと

①継続
계속
kye-sok

②まっすぐ・ずらり
죽
chuk

③よっぽど・はるかに
훨씬
hwol-ssin

④終始
내내
nae-nae

①あれからずっとジムに通っています
③こっちの方がずっと素敵です

②この道をずっと行けば到着します
④１年中ずっとミニスカートです

とにかく

①何はともあれ
어쨌든
eo-tchaet-tteun

②いずれにせよ
아무튼
a-mu-teun

③それにしても
그나저나
keu-na-jeo-na

④兎にも角にも
하여간
ha-yeo-gan

①話を遮る・話をまとめる
③話題を変える

②その話は置いといて
④話をまとめる・終わらせる

どの副詞を使っても大きな違いはありません。

後で

①今度
나중에
na-jung-e

②のちほど
이따가
i-tta-ga

上記の副詞は「後で電話します」と使う場合、ニュアンスが異なります。
①は、"いつか"電話しますという意味合いです。
②は、"この後"電話します→今している用事が済んだら連絡しますという意味で使われます。

ちょっと

①ちょっと
좀
chom

②少し
조금
cho-geum

③少々・やや
약간
yak-kkan

①ちょっと水をもらえますか　②ちょっと休みたい　③ちょっと甘いかな

しばらく

①しばらくの間
잠시
cham-si

②ちょっとの間
잠깐
cham-kkan

どちらも「しばらくお待ちください」と副詞的な使用ができる名詞です。

最近

①近頃・このごろ
요즘
yo-jeum

②最近（漢字語）
최근
chwe-geun

③この間
요새
yo-sae

すべて、副詞的な使用ができる名詞です。
①**요즈음**の縮約形　少し前〜現在の状況を指す
②今現在に近い出来事を話すときに用いる
③**요사이**の縮約形　現在より少し前を指す

すぐ

①即座に
당장
tang-jang

②直ちに
바로
pa-ro

③早速
곧
kot

④まもなく
금방
keum-bang

①至急の「すぐ」。名詞だが副詞的活用をする
②今から行動に移す「すぐ」
③もうすぐの「すぐ」
④まもなく・もうそろそろの「すぐ」

使える相槌

会話を盛り上げよう

会話の途中で「うんうん、それで?」というような相槌（あいづち）を覚えましょう。

（そうなんですか?）
그래요?
keu-rae-yo

（そりゃそうだよ）
그럼 그렇지
keu-reom　keu-reo-chi

（それで?）
그래서?
keu-rae-seo

（そうです）
맞아요
ma-ja-yo

（まったくその通りだよ）
내 말이 그 말이야
nae　ma-ri　keu　ma-ri-ya

（そうだね）
그러게
keu-reo-ge

（そうかな?）
그런가?
keu-reon-ga

（当然だよ）
당연하지
tang-yeon-ha-ji

（ありえないよ）
말도 안 돼
mal-do　an　dwae

（何ですって?）
뭐라고요?
mwo-ra-go-yo

（さぁ、どうでしょう）
글쎄요
keul-sse-yo

丁寧な受け答え

韓国は丁寧語が必須

韓国では、親しい間柄でない限り丁寧な言葉づかいは必須です。1歳でも年上であれば丁寧語で話さなければいけません。活用語尾のハムニダ体やヘヨ体以外に、体言・副詞・助詞にも丁寧語をつけます。

語尾 **요** yo をつけて丁寧に対応しましょう。

前の語にパッチムがない場合は「요」、パッチムがある場合は「이요」をつけます。ただし、助詞につける場合はパッチムの有無に関係なく「요」のみをつけます。

活用例

人称代名詞

(私ですか?)
저요?
cheo-yo

(私もです)
저도요
cheo-do-yo

(私がですか?)
제가요?
che-ga-yo

名詞

(本ですか?)
책이요?
chae-gi-yo

(手帳はですね)
수첩은요
su-cho-beun-nyo

(このペンをですか?)
이 펜을요?
i pe-neul-lyo

副詞

(早くしてください)
빨리요
ppal-li-yo

(もしもですよ)
만약에요
ma-nya-ge-yo

(マジですか?)
진짜요?
chin-tcha-yo

相槌だけではなく、聞き返すときなど、幅広く使用できます。

数詞

漢数詞を使用する

韓国語の数字は、漢数詞と固有数詞の2種類あります。漢数詞は、日本語の「イチ・ニ・サン……」にあたります。

0	1	2	3	4	5	6	7	8	9
영 / 공	일	이	삼	사	오	육	칠	팔	구
yeong/kong	il	i	sam	sa	o	yuk	chil	pal	ku

「0」が2つあります。数学などで使う0は「영」です。
電話番号を伝えるときの0は「공」となります。

10	100	1000	万	10万	100万	1000万	億	兆
십	백	천	만	십만	백만	천만	억	조

日本語の数字の数え方と同じで、「11」は「じゅう＋いち」という表し方です。

11：십일 si-bil   25：이십오 i-si-bo

日本語は、「1万」を「イチマン」と「1」をつけますが、韓国語は「2万（이만）」からつけます。「億」と「兆」も同じです。

年月日を確認する

「～年」「～月」「～日」は、漢数詞を用います。
6月と10月は、パッチムが脱落しますので注意が必要です。

年：년 nyeon   月：월 wol   日：일 il

1月	2月	3月	4月	5月	6月	7月	8月	9月	10月	11月	12月
일월	이월	삼월	사월	오월	유월	칠월	팔월	구월	시월	십일월	십이월

日付を聞いてみよう

오늘은 몇 월 며칠입니까? (今日は何月何日ですか？)

몇 (何・いくつ)

> 「何日」は「몇일」ではありません。

漢数詞で使う助数詞

分	秒	ウォン	円	回	階	泊
분	**초**	**원**	**엔**	**회**	**층**	**박**
pun	cho	won	en	hwe	cheung	pak

漢数詞と助数詞は分かち書きが必要です。また、時間の「〜分」「〜秒」は漢数詞ですが、「〜時」「〜時間」は固有数詞となります。

曜日を確認する

日付と一緒に曜日も覚えましょう。

曜日：요일 yo-il

日	月	火	水	木	金	土
일요일	월요일	화요일	수요일	목요일	금요일	토요일

韓国のカレンダーでは日曜日が一番左の列にありますが、1週間の始まりは「月曜日」となります。

したがって、平日に「今週の日曜日」について尋ねる場合は次にくる日曜日のことを指し、「今週の日曜日何してたの？」という文は未来の出来事を尋ねることになってしまいます。

質問をするなら「先週の日曜日何してたの？」や「今週の日曜日予定ある？」が正しいです。

固有数詞を活用する

固有数詞は、日本語の「ひとつ・ふたつ……」にあたります。
「0」がなく「1 ～ 99」の数字までです。100以上は漢数詞を用います。

1	2	3	4	5	6	7	8	9
하나 ha-na	둘 tul	셋 set	넷 net	다섯 ta-seot	여섯 yeo-seot	일곱 il-gop	여덟 yeo-deol	아홉 a-hop

10	20	30	40	50	60	70	80	90
열 yeol	스물 seu-mul	서른 seo-reun	마흔 ma-heun	쉰 swin	예순 ye-sun	일흔 ir-heun	여든 yeo-deun	아흔 a-heun

11以降は漢数詞と同じく「10＋1」で表します。

11：열하나
yeor-ha-na

25：스물다섯
seu-mul-tta-seot

固有数詞で使う助数詞

時間	時	人	名	歳	個	枚
시간 si-gan	시 si	사람 sa-ram	명 myeong	살 sal	개 kae	장 chang

時間の「～分」「～秒」は漢数詞ですので注意が必要です。
一部の数詞は助数詞がつくと単語が変化し、「1：한」「2：두」「3：세」「4：네」「20：스무」となります。

時間を聞いてみよう

時間を尋ねるときと答えるときの練習をしましょう。

지금 몇 시입니까? （今、何時ですか？）
열 시 삼십오 분입니다 （10時35分です）

年齢を確認する

韓国は年上の方には必ず敬語を用いるため、初対面でも年齢を聞くことがあります。年齢を聞くことは失礼なことではありません。
年齢確認の質問文と答え方を覚えておきましょう。

나이를 알려주세요 （年齢を教えてください）

몇 살입니까? （おいくつですか？）

서른두 살입니다 （32歳です）

年齢の「살（歳）」は主に口語で用います。文語では『세（歳）』を用います。『세』を用いるときは、固有数詞ではなく漢数詞となります。
文語で「살」を使っても問題はありません。

반 고흐는 삼십칠 세의 젊은 나이에 생을 마감했다 （ファン・ゴッホは37歳の若さで人生を終えた）

数詞は、基本的にはアラビア数字で書きます。年齢は、つく助数詞によって漢数詞・固有数詞を使い分けるということを覚えておきましょう。

反切表

	ㅏ a	ㅐ ae	ㅑ ya	ㅒ yae	ㅓ eo	ㅔ e	ㅕ yeo	ㅖ ye	ㅗ o	ㅘ wa
ㄱ k/g	가 ka	개 kae	갸 kya	걔 kyae	거 keo	게 ke	겨 kyeo	계 kye	고 ko	과 kwa
ㄲ kk	까 kka	깨 kkae	꺄 kkya	깨 kkyae	꺼 kkeo	께 kke	껴 kkyeo	꼐 kkye	꼬 kko	꽈 kkwa
ㄴ n	나 na	내 nae	냐 nya	냬 nyae	너 neo	네 ne	녀 nyeo	녜 nye	노 no	놔 nwa
ㄷ t/d	다 ta	대 tae	댜 tya	댸 tyae	더 teo	데 te	뎌 tyeo	뎨 tye	도 to	돠 twa
ㄸ tt	따 tta	때 ttae	땨 ttya	떄 ttyae	떠 tteo	떼 tte	뗘 ttyeo	뗴 ttye	또 tto	똬 ttwa
ㄹ r/l	라 ra	래 rae	랴 rya	럐 ryae	러 reo	레 re	려 ryeo	례 rye	로 ro	롸 rwa
ㅁ m	마 ma	매 mae	먀 mya	먜 myae	머 meo	메 me	며 myeo	몌 mye	모 mo	뫄 mwa
ㅂ p/b	바 pa	배 pae	뱌 pya	뱨 pyae	버 peo	베 pe	벼 pyeo	볘 pye	보 po	봐 pwa
ㅃ pp	빠 ppa	빼 ppae	뺘 ppya	뺴 ppyae	뻐 ppeo	뻬 ppe	뼈 ppyeo	뼤 ppye	뽀 ppo	뽜 ppwa
ㅅ s	사 sa	새 sae	샤 sya	섀 syae	서 seo	세 se	셔 syeo	셰 sye	소 so	솨 swa
ㅆ ss	싸 ssa	쌔 ssae	쌰 ssya	썌 ssyae	써 sseo	쎄 sse	쎠 ssyeo	쎼 ssye	쏘 sso	쏴 sswa
ㅇ (無)	아 a	애 ae	야 ya	얘 yae	어 eo	에 e	여 yeo	예 ye	오 o	와 wa
ㅈ ch/j	자 cha	재 chae	쟈 chya	쟤 chyae	저 cheo	제 che	져 chyeo	졔 chye	조 cho	좌 chwa
ㅉ tch	짜 tcha	째 tchae	쨔 tchya	쨰 tchyae	쩌 tcheo	쩨 tche	쪄 tchyeo	쪠 tchye	쪼 tcho	쫘 tchwa
ㅊ ch	차 cha	채 chae	챠 chya	챼 chyae	처 cheo	체 che	쳐 chyeo	쳬 chye	초 cho	촤 chwa
ㅋ k	카 ka	캐 kae	캬 kya	컈 kyae	커 keo	케 ke	켜 kyeo	켸 kye	코 ko	콰 kwa
ㅌ t	타 ta	태 tae	탸 tya	턔 tyae	터 teo	테 te	텨 tyeo	톄 tye	토 to	톼 twa
ㅍ p	파 pa	패 pae	퍄 pya	퍠 pyae	퍼 peo	페 pe	펴 pyeo	폐 pye	포 po	퐈 pwa
ㅎ h	하 ha	해 hae	햐 hya	햬 hyae	허 heo	헤 he	혀 hyeo	혜 hye	호 ho	화 hwa

내 wae	ㅚ we	ㅛ yo	ㅜ u	ㅝ wo	ㅔ we	ㅟ wi	ㅠ yu	ㅡ eu	ㅢ ui	ㅣ i
괘 kwae	괴 kwe	교 kyo	구 ku	궈 kwo	궤 kwe	귀 kwi	규 kyu	그 keu	긔 kui	기 ki
꽤 kkwae	꾀 kkwe	꾜 kkyo	꾸 kku	꿔 kkwo	꿰 kkwe	뀌 kkwi	뀨 kkyu	끄 kkeu	끠 kkui	끼 kki
놰 nwae	뇌 nwe	뇨 nyo	누 nu	눠 nwo	눼 nwe	뉘 nwi	뉴 nyu	느 neu	늬 nui	니 ni
돼 twae	되 twe	됴 tyo	두 tu	둬 two	뒈 twe	뒤 twi	듀 tyu	드 teu	듸 tui	디 ti
뙈 ttwae	뙤 ttwe	뚀 ttyo	뚜 ttu	뚸 ttwo	뛔 ttwe	뛰 ttwi	뜌 ttyu	뜨 tteu	띄 ttui	띠 tti
뢔 rwae	뢰 rwe	료 ryo	루 ru	뤄 rwo	뤠 rwe	뤼 rwi	류 ryu	르 reu	릐 rui	리 ri
뫠 mwae	뫼 mwe	묘 myo	무 mu	뭐 mwo	뭬 mwe	뮈 mwi	뮤 myu	므 meu	믜 mui	미 mi
봬 pwae	뵈 pwe	뵤 pyo	부 pu	붜 pwo	붸 pwe	뷔 pwi	뷰 pyu	브 peu	븨 pui	비 pi
뽸 ppwae	뾔 ppwe	뾰 ppyo	뿌 ppu	뿨 ppwo	뿀 ppwe	쀠 ppwi	쀼 ppyu	쁘 ppeu	쁴 ppui	삐 ppi
쇄 swae	쇠 swe	쇼 syo	수 su	숴 swo	쉐 swe	쉬 swi	슈 syu	스 seu	싀 sui	시 si
쐐 sswae	쐬 sswe	쑈 ssyo	쑤 ssu	쒀 sswo	쒜 sswe	쒸 sswi	쓔 ssyu	쓰 sseu	씌 ssui	씨 ssi
왜 wae	외 we	요 yo	우 u	워 wo	웨 we	위 wi	유 yu	으 eu	의 ui	이 i
좨 chwae	죄 chwe	죠 chyo	주 chu	줘 chwo	줴 chwe	쥐 chwi	쥬 chyu	즈 cheu	즤 chui	지 chi
쫴 tchwae	쬐 tchwe	쬬 tchyo	쭈 tchu	쭤 tchwo	쮀 tchwe	쮜 tchwi	쮸 tchyu	쯔 tcheu	쯰 tchui	찌 tchi
쵀 chwae	최 chwe	쵸 chyo	추 chu	춰 chwo	췌 chwe	취 chwi	츄 chyu	츠 cheu	츼 chui	치 chi
쾌 kwae	쾨 kwe	쿄 kyo	쿠 ku	쿼 kwo	퀘 kwe	퀴 kwi	큐 kyu	크 keu	킈 kui	키 ki
퇘 twae	퇴 twe	툐 tyo	투 tu	퉈 two	퉤 twe	튀 twi	튜 tyu	트 teu	틔 tui	티 ti
퐤 pwae	푀 pwe	표 pyo	푸 pu	풔 pwo	풰 pwe	퓌 pwi	퓨 pyu	프 peu	픠 pui	피 pi
홰 hwae	회 hwe	효 hyo	후 hu	훠 hwo	훼 hwe	휘 hwi	휴 hyu	흐 heu	희 hui	히 hi

YUKIKAWA（ゆきかわ）
1983年生まれ。韓国語に興味を持ち、2017年に韓国語を学べるブログ「ハングルマスター」を開設し、単語・文法・慣用句などを紹介。現在「ハングルマスター」は平均月間180万PVを獲得。著書に『世界一わかりやすい韓国語の教科書』（KADOKAWA）がある。
ハングルマスター：yuki0918kw.com

アートディレクション	細山田光宣
カバーデザイン	鎌内 文（細山田デザイン事務所）
カバーイラスト	Yo Hosoyamada
本文デザイン・DTP	髙橋里佳（Zapp!）
本文イラスト	コナガイ香
校正	韓 興鉄、山崎春江
編集	金子拓也

世界一わかりやすい韓国語の文法

2021年9月1日　初版発行
2024年7月20日　4版発行

著者／YUKIKAWA

発行者／山下直久

発行／株式会社KADOKAWA
〒102-8177　東京都千代田区富士見2-13-3
電話0570-002-301（ナビダイヤル）

印刷所／大日本印刷株式会社

●お問い合わせ
https://www.kadokawa.co.jp/（「お問い合わせ」へお進みください）
※内容によっては、お答えできない場合があります。
※サポートは日本国内のみとさせていただきます。
※Japanese text only

定価はカバーに表示してあります。